흘러간 시간에 기대어

오수영

고어라운드

그리움이 망각의 슬픔을 덮는다
모든 기억과 추억이 환상일지라도

* 일러두기

- 작가 특유의 문체를 지키기 위한 비문이 포함되어 있습니다.
- 글이 나열된 순서는 특정한 사건과 흐름을 따르지 않습니다.

순간과 기억

2020~2025

서문

    기억의 본질은 추모에 가깝다. 사라지는 것들을 간직하는 일이다. 과거를 추억하면 아름다움과 슬픔이 동시에 몰려오는 까닭도, 결국 회상의 종착지가 과거와의 재회가 아닌 그리움과 멀어짐의 무력한 순환이기 때문이다. 만남과 작별의 반복 속 기억과 슬픔의 비례는 필연적이다. 기억이 많을수록 슬픔의 반경도 확장된다. 그러나 그 반대는 쉽게 성립하지 않는다. 기억이 적을수록 슬픔도 줄겠지만, 기억이 적다는 것 자체가 이미 가장 깊은 슬픔일 수 있다.

    마음이 과거로 기울어진 나는 기억을 수시로 곱씹으며 흘러간 시간 속에 머무른다. 과거에 연연하면 순조롭게 살아갈 수 없다지만, 내게 지난날을 추억하는 일이란 선택이 불가피한 보통의 자세이다. 기억은 미화된 형태로 복원되어 상대의 입장을 배제한 나만의 기억, 즉 환상과 다름없는 모습으로 되살아난다. 혼자만의 착각일지라도 과거를 끊임없이 되새기는 이유는, 그리움이 망각과 상실의 슬픔을 압도하기 때문이다. 그리움은 삶을 맹목적으로 잠식하기도 하지만, 대체로 과거와 현재의 시간을 정돈하고 연결하는 긴밀한 통로의 역할을 한다.

한때는 기억을 망각하려 몸부림친 적도 있었다. 그리움이 인생의 짐처럼 무겁고 불편해진 탓이었고, 더는 흘러간 시간에 미련 두지 않는 현재에 충실한 삶이 되길 바랐다. 그러나 이제는 기억을 망각하려는 마음 자체를 단념했다. 과거를 망각하여 얻은 평온과 안락보다는, 고달프더라도 과거를 온전히 기억하고 반추하며 살아가는 태도가, 내게 더 적합한 삶의 방식임을 결국 받아들였기 때문이다.

만약 그리움에서 슬픔보다 생기를 얻는 삶이라면, 그 마음을 멈추지 않는 한 삶은 끝없이 생동하며 앞으로 나아갈 것이라 믿는다. 어쩌면 그리움은 오직 과거만을 부여잡는 감정이 아닌 미래를 향한 감정일지도 모른다.

시간의 흐름 속 살아남은 오래된 기억과 장면들을 한데 엮었다. 선명하게 떠오른 기억도 있었으나, 대부분 작게 조각난 채 다른 기억들과 혼재되어 있었다. 기억을 선별하고 조합하는 과정에서 뒤늦게 깨달았다. 한순간도 사람이 등장하지 않는 기억은 없었고, 모든 기억은 순간의 인연을 품고 있었다. 오랫동안 관계가 지속된 사람만 인연은 아니었고, 찰나의 마음과 손길을 건넨 사람들 또한 모두 인연이었다. 그때는 시절이 끝나면 인연도 멀어진다고 믿었는데, 돌아보면 만남과 안부의 지속보다 중요한 것은 인연의 끝과는 별개로 기억을 간직하려는 마음이었다.

기록은 기억을 망각으로부터 지켜내는 일이다. 동시에 이미 망각한 것들을 되살리는 일이다. 기억에 슬픔이 깃든 이유가 예정된 망각과 상실 때문이라면, 만약 기록이 그 불안을 잠재울 수 있다면, 마침내 슬픔의 자리를 그리움으로 채우는 일도 가능하지 않을까.

그렇다면 기록이 남아있는 한 망각의 슬픔도 크게 두렵지만은 않을 것이다. 언제 잊힐지 모르는 수많은 기억들도, 기록 안에서는 영원히 봉인될 것이므로.

결국 이 책은 나를 지켜낸 기억과 그리움에 관한 기록이다. 비록 모든 기억과 추억이 나만의 환상에 불과할지라도.

2025 초여름
오수영

목차

순간과 기억 | 2020~2025

1부 - 그리움의 변주

각자의 배역	2023	15
낯선 소식	2024	20
마음 구조	2023	24
장래 희망	2024	28
그리움의 변주	2023	31
가정식 백반	2022	34
늦은 답장	2023	40
보통의 자세	2025	44
골목의 학습	2022	47
이것은 책입니다	2021	51
절반의 인간	2023	54
빗금의 마음	2024	58
겸손의 오해	2023	61
따뜻한 안녕	2024	64
아빠의 도전	2025	67
정면으로 바라보다	2021	72
흘러가는 그대로	2021	76

| 맨 처음의 마음으로 | 2025 | 81 |
| 바깥으로 넘어지기 | 2023 | 84 |

2부 – 창밖의 풍경

산책의 기운	2024	89
가벼운 마음	2024	93
낯선 도시의 선물	2024	96
오래된 낭만	2021	100
방파 장치	2025	103
단둘의 시간	2021	106
유일한 안식처	2022	111
백지의 마음	2024	115
사랑이라 부른단다	2025	120
피어나기 위해서	2024	126
타인의 시선	2023	131
정상의 풍경	2023	134
사람의 목소리	2023	138
정성과 마음	2024	142
사람 좋은 사람	2022	146
마음 쓰기	2025	149
마음 접기	2023	154
안으로 쓰기	2024	156

탈피 | 2021　　　　　　　　　　　　　161

3부 - 기대어 나란히

외로운 마음 | 2023　　　　　　　　　169
유쾌한 안녕 | 2025　　　　　　　　　176
시동 장치 | 2025　　　　　　　　　　180
산책과 헬스 | 2024　　　　　　　　　183
제한 시간 | 2024　　　　　　　　　　186
밑줄의 형태 | 2024　　　　　　　　　194
문턱 사이 | 2022　　　　　　　　　　199
가상의 영업장 | 2025　　　　　　　　202
발자국 덧대기 | 2025　　　　　　　　206
아침의 토스트 | 2020　　　　　　　　211
쓸모의 확인 | 2022　　　　　　　　　218
안녕의 감각 | 2025　　　　　　　　　221
기대어 나란히 | 2024　　　　　　　　224

부록 - 편지와 마음

우회하는 길 위에서 | 2020　　　　　　229
우연히 당신에게 | 2025　　　　　　　234

1부

그리움의 변주

각자의 배역

　초등학생 때 등교 전에는 늘 세 식구가 식탁에 둘러앉아 아침을 먹었다. 나는 줄곧 베란다를 마주 보는 자리에 앉곤 했는데, 아파트 동과 동 사이의 간격이 좁았던 터라 건너편 사람들의 일상이 훤히 보였다. 일부러 엿보려 하지 않아도 밥을 먹다 고개만 들면 자연스레 펼쳐진 모습이었고, 나 또한 그 모습을 평범한 아침의 풍경으로 여겼다.
　평일 아침에는 어느 집이나 모습이 비슷했다. 집마다 출근과, 등교와, 식사를 준비하는 분주한 장면들이 한눈에 펼쳐진 모습이란, 마치 수십 개의 영화 상영관이 네모난 블록처럼 차곡차곡 쌓여있는 것 같았다. 언뜻 모두 같은 영화가 상영되는 듯했지만, 자세히 들여다보면 전부 다른 영화라는 걸 깨닫고는 더욱 흥미롭게 바라봤다. 네모 속 사람들은 그 집만의 분위기와, 그 집만의 속도와, 그 집만의 색깔로 비슷한 듯 다르게 하루를 시작했다.

하루는 날마다 반복되는 아침의 풍경 속 유독 내 시선을 사로잡는 장면이 있었다. 건너편에 한 아저씨가 영화 속 신스틸러처럼 강렬하게 등장한 것이었다. 아저씨는 베란다 창문을 활짝 열고 창틀에 기대어 담배를 태웠다. 모두가 분주한 시간에 여전히 잠옷 차림이었고, 멀리서 봐도 까치집 머리인 게 아직 씻지도 않은 상태였다. 아저씨는 한참을 그 모습으로 연달아 담배를 태우며 아래만 내려다봤다.

나는 저 밑에 무슨 구경거리가 생겼는지 입안에 밥을 우물거리며 베란다로 나가봤지만, 아저씨의 시선을 따라간 곳에 눈길을 끌 만한 건 전혀 없었다. 단지 삼삼오오 등교하는 학생들과, 엄마 손을 잡고 유치원 차에 탑승하는 아이들, 정장 차림으로 출근하는 직장인들의 모습이 전부였다. 아무것도 없는데 저 아저씨는 뭘 저렇게 오랫동안 내려다보는 걸까. 어딘가 정신이 조금 이상한 사람인 걸까. 나는 곧장 흥미를 잃고 씹던 밥을 마저 삼키며 식탁으로 돌아갔다.

그런데 담배 아저씨는 한 번의 등장만으로 사라지는 배역은 아니었다. 그날 이후 아저씨는 내가 아침에 식탁에 앉는 시간마다 항상 같은 자세로 같은 곳을 바라보며 담배를 태웠다. 간혹 창밖 아래의 다른 곳을 두리

번거리기는 했지만, 좀처럼 내가 있는 맞은편이나 다른 곳을 바라보지는 않았다. 그 모습이 아무래도 심상치 않아서 나는 밥을 먹다 말고 아빠에게 물었다. 저 담배 아저씨 맨날 저러고 있는데 좀 이상한 것 같다고. 하지만 아빠는 슬쩍 그 아저씨를 바라보기만 할 뿐 나의 질문을 진지하게 받아들이진 않았다. 아마 아빠도 출근 준비에 정신이 없었겠고, 구태여 대답이 필요하진 않은 그맘때 애들의 숱한 질문에 불과하다고 여겼을 테니까.

결국 나도 아저씨의 모습을 무심히 받아들인 채 시간을 보냈고, 어느 순간부터 아저씨가 더는 등장하지 않는다는 것도 눈치채지 못했다. 그렇게 담배 아저씨의 존재가 내 삶에서 완전히 잊힌 줄로만 알았다.

담배 아저씨가 불현듯 다시 떠오른 건 그날로부터 무려 30년의 세월이 흐른 뒤였다. 어제와 다를 것 없는 오늘 아침, 잠을 충분히 자도 몸에서 떨어지지 않는 피로를 간신히 털어내며 창문을 열었을 때, 선선한 바람이 얼굴을 훑고 지나갔다. 맑은 하늘에 구름이 평소보다 낮게 떠 있었고, 저 멀리 보이는 동산도 어느새 연둣빛으로 물들어 있었다. 나는 자연스레 창밖 아래를 내려다봤다. 거리에는 교복 입은 학생들이 나란히 등교하는 중이었고, 버스 정류장에는 출근하는 직장인들이 길게 줄을 서 있었다.

생각해 보니 오늘은 평일이었다. 삶에 지쳐 잠시 휴식기를 보내는 나와는 상관없이 다른 사람들의 일상은 어김없이 성실하게 흘러가고 있었다.

규칙적이고 반복적으로 몸을 움직이며 하루와 일상을 깨우는 사람들. 그 단단한 아침의 풍경을 멀리서 가만히 내려다보는 내 모습에서 언뜻 오래전 그때의 담배 아저씨가 떠올랐다. 지금의 나는 담배만 태우지 않을 뿐 그 시절 내가 그토록 이상하게 생각했던 아저씨의 모습과 별반 다르지 않았다. 오히려 내가 더 추레한 행색으로 더 오랜 시간 창틀에 머물고 있을지도 모를 일이다.

아저씨도 그 시절 삶의 한구석에서 길을 잃었던 걸까. 그래서 공허한 마음 달래지 못해 하염없이 아래만 내려다봤던 걸까. 그 시절 아빠가 나의 질문에 아무런 대답도 해주지 않았던 까닭은, 아마도 아빠의 눈에는 담배 아저씨가 전혀 이상해 보이지 않았을뿐더러 그 심정을 누구보다 충분히 이해하고 있었기 때문일지도.

어쩌면 지금도 맞은편 아파트에서 가족과 함께 아침을 먹던 어떤 꼬마가 나를 한심하게 바라보고 있을지도 모른다. 엄마, 저 이상한 아저씨 오늘도 창가에서 저러고 있다고 한숨을 길게 내뱉으면서. 그럼에도 지금의 나는 서운함이나 속상함을 느끼진 않는다. 어른의 세상에서는 이렇게 창틀에 기대어 보내는 시간이 얼마나 귀한지 아프게 깨달았고, 언젠가는 저 꼬마도 분명 지금의 내 모습에 고개를 끄덕일 날을 살아가게 될 테니까.

지금까지 나는 기억에서 오랫동안 지워졌던 담배 아저씨가 내 인생에 잠시 출연했던 엑스트라인 줄로만 알았는데, 세월이 흐르고 보니 아저씨는 단지 자신의 삶을 충실히 살아가는 유일한 주인공이자 먼 미래의 내 모습이었다. 그 시절의 아저씨도, 지금의 나도, 그리고 맞은편의 어떤 꼬마도 각자의 시기와 상황에 걸맞은 하루를 묵묵히 시작할 뿐이었다.

아마도 우리는 저마다의 삶을 분주하게 살아내느라 서로의 과거와 미래가 은연중에라도 잠시 연결된다는 사실은 영영 모른 채 살아갈 것이다. 그러다 훗날 어느 맑은 아침에 우연히 서로를 스치며 불현듯 뒤돌아볼지도 모를 일이다.

이제 그만 창문을 닫고 기지개를 켜야겠다. 다시 어제와 별반 다르지 않은 오늘을 시작할 시간이다. 내일은 누구도 알 수 없지만, 정성껏 쌓은 하루가 끝내 나를 조금 더 바라던 내일로 건너가게 할 테니까. (2023)

낯선 소식

문자메시지가 도착했다. 날마다 수신되는 광고 문자로 생각하고 곧장 삭제하려던 참이었다. 그런데 문자의 첫 문장을 언뜻 확인하고는 액정을 쓸어 넘기던 손길을 멈췄다.

"안녕하세요. 김○○입니다.
오랜만에 연락드립니다."

메시지에서 발견한 그 이름은 이제는 기억조차 희미해진 옛 친구의 이름이었다. 한때는 등하굣길에도, 방과 후에도 단짝처럼 붙어 다니며 대부분의 일상을 함께 나눈 친구였는데. 그동안 그 친구의 이름과, 우리의 장면들은 기억의 서랍 속 가장 깊은 곳에서 지워진 듯 잠들어있었다.

문자는 나뿐만 아닌 모두에게 발송된 전체 메시지였다. 옛 친구의 갑작스러운 연락에 나는 잠시 하던 일을 멈추고 수신함을 열었다. 메시지는 생각보다 장문이었고, 내용은 예상보다 당황스러웠다. 간략히 요약하자면 이러한 내용이었다.

"얼마 전 작업 현장에서 사고를 당해 손을 다쳤습니다. 그래서 당장은 일을 할 수 없어서 한동안 쉬게 되었습니다. 대신 인터넷 방송을 시작했으니 시간이 된다면 오늘 밤 참여 부탁드립니다."

그 친구에 관한 마지막 내 기억은 일찍 공무원이 되어 그만큼 결혼도 일찍 했다는 것이었다. 그 기억을 끝으로 오랜 세월이 우리를 휩쓸고 지나갔다. 친구의 문자 메시지에 한참을 옛 생각에 잠겼고, 자세한 사정을 알 수는 없으나 그동안 많은 일을 겪은 듯해서 안타까운 마음이 들었다. 그래서 마침 일정이 없던 오늘 밤, 옛 친구의 인터넷방송에 참여하기로 결심했다.

방송은 예정된 시간보다 늦게 시작되었다. 화면 속 손에 붕대를 감고 있는 사람은 분명 그 시절 나의 단짝 친구와 같은 이름이었지만, 그 사람의 어떤 모습에서도 친구의 흔적을 찾아보기란 쉽지 않았다. 순했던 인상은 거칠게 변했고, 체구가 많이 커졌으며, 이따금 노래를 흥얼거리는 목소리 또한 내 기억 속 친구의 모습에서 한참 벗어나 있었다.

그 사람이 정말 내가 알던 그 친구가 맞는 걸까. 물론 언뜻 그 시절의 모습이 비치긴 했지만 그것만으로는 믿기 어려웠고, 어쩌면 내심 믿기 싫었는지도 모르겠다. 그 사람은 인터넷 방송에 익숙하지 않은지 방송 시작 후 흥얼거리기만 할 뿐 아무런 말이 없었다. 단지 멀찍이 떨어져 앉아서 휴대전화만 바라보고 있었다. 시청자는 나와 또 다른 익명의 사람 둘 뿐이었는데 그마저도 채팅창에 이런 글을 남기고는 방을 나갔다.

"방송이 처음이신가 봐요. 혼자 뭐 하시는지."

그렇게 그 방에는 나와 친구, 우리 둘만 남게 되었다. 친구는 방송의 유일한 시청자가 나라는 사실을 전혀 몰랐겠지만, 모든 걸 알고 있는 나로서는 어쩐지 친구의 은밀한 사생활을 훔쳐보는 느낌이 들었다. 친구는 여전히 휴대전화에 집중하면서 아주 가끔 모니터로 시선을 돌려 시청자 명단을 확인하는 듯했다.

그럴 때마다 나는 마음이 아득해져서 채팅창에 인사를 적어 보다가 이내 그만두었다. 화면 속 집 안의 모습이 어쩐지 가족과 함께 사는 환경은 아닌 것 같았고, 그동안 많은 사연이 있었을 거라 짐작해 볼 뿐이었다. 결국 나는 혼자 친구를 조금 더 바라보다가, 아무런 일도 발생하지 않는 그 방에서 조용히 빠져나왔다.

어쩐지 마음이 편하지 않았다. 기억과 너무 달라진 친구의 모습과, 전체 문자를 보냈음에도 아무도 찾아오지 않은 그 방의 적막이 속상했다. 그리고 단짝이었던 나조차 아무런 말도 건네지 못하고 도망치듯 빠져나왔다는 점이 미안했다. 잠시나마 다시 그 시절 우리의 장면을 마주할 것이라 믿었던 순진하고 철 지난 나의 바람이 그렇게 지나갔다.

가장 순수했던 시절의 단짝 친구들을 기억한다. 비록 지금은 그들에 관한 기억도 안부도 모두 멀어졌지만, 바라는 점이 있다면 언젠가 그들과 다시 마주하거나 연락이 닿는 일이 아니다. 단지 그들이 예전의 모습을 완전히 잃지는 않은 채 무탈한 삶을 살아가길 바라는 것뿐이다.

한때 마음을 나눈 옛 친구들을 기억하는 사람이라면 아마도 모두 같은 마음이 아닐까.

그들의 안녕과 건강을 빈다. (2024)

마음 구조

 한동안 못난 기운에 휩쓸려 생각과 마음이 나락을 벗어나지 못했다. 충실히 달려온 나의 삶을 수시로 하찮게 여기며 자꾸만 손바닥만 한 작은 프레임 속 타인들의 인생을 기웃거렸다. 그들의 일상도 프레임 바깥에서는 나와 별반 다르지 않다는 걸 알면서도 나의 하루를 잠식하는 낯선 기운을 막아내지 못했다.

 모든 신경은 내가 아닌 타인을 겨냥하고 있었고, 지독하게 부여잡았던 일상의 균형도 한순간 부질없고 지루하게 느껴지는 상황까지 이르렀다. 단순히 불안이라는 이름만으로 설명이 어려운 온갖 감정들이 내면에서 치열하게 다투고 있었다. 열패감과 열등감, 초조함과 초라함, 시기와 질투. 그것들이 내 마음을 갉아먹으며 나를 다른 사람처럼 행동하게 만들었다.

 그런데 마음이 온전하지 않을수록 자꾸만 나를 방어하려는 내 모습을 발견했다.

저는 지금 마음이 취약한 상태이니 조심히 다뤄주세요. 마음이 고장 났으니 그런 건 못하겠습니다. 시간이 필요하니 기다려 주세요.

어찌 됐건 그런 말들은 나를 우선 배려해 달라는 방패였고, 여린 마음 뒤에 숨어서 안전한 행동과 대화만 하겠다는 치사한 속내였다. 가라앉은 날들 속 나는 소진된 몸과 마음을 돌보기 시작했다.

상담사 선생님은 말했다.

당신은 삶을 너무 정성껏 살다가 몸과 마음이 고장 났다고.

하지만 그건 절반만 맞는 말이었다. 나는 지금의 초라한 내가 아닌 내가 바라던 근사한 내 모습으로 살고 싶었고, 그것을 해내지 못하는 나를 끊임없이 혐오했을 뿐이다. 정성은 맞지만 그릇된 방향으로의 정성이었다.

그 순간은 일종의 기로였다. 불안과 우울에 완전히 잠식될 수도 있었고, 방향을 다시 바로 잡을 수도 있었던 내 삶의 중대한 기로. 다행히도 나는 내가 생각했던 것보다 삶에 대한 의지가 훨씬 강한 사람이었다. 회복과 치료에 대한 결심에도 용기가 필요하다는 걸 몰랐는데 그때는 더는 늦으면 안 된다는 생각이 절실했는지 온몸으로 용기를 끌어모았다.

나는 연민과 동정으로 살긴 싫었다. 그 감정을 이용해 글을 쓰거나 책을 팔고 싶진 않았다.

물론 그 감정만큼 따뜻하고 넉넉한 마음도 없겠지만, 그만큼 무기로 삼아 타인의 관심이나 마음을 이용하기 쉬운 감정도 없다고 믿었다. 그래서 한동안 치료와 회복의 일상을 드러내는 일들을 피하고 싶었다. 마음을 앓는 것도 내 사정이고 극복하는 것도 내 사정일 뿐이었으니까.

그 핑계로 온전히 내게만 집중한 조용한 날들을 보냈다. 소셜미디어 속 타인의 소식과 멀어진 채 성실하게 내 마음만을 돌봤다. 소셜미디어와 멀어지면 무슨 변화가 발생할지 궁금하기도 했다. 결과는 모처럼 마음에 평온이 깃들었다는 것. 그리고 그 외에는 아무런 일도 없었다는 것. 타인의 소식을 알아도 달라지는 건 없었고 소식을 몰라도 달라지는 건 없었다.

물론 모두 지금의 생각일 뿐 내일은 금세 다르게 생각할지도 모른다. 소셜미디어 없이는 하루도 못 살겠다며 곧장 다시 중독의 길로 들어서도 이상한 일은 아닐 것이다. 그럼에도 마음을 앓고 회복의 과정을 겪으며 깨달은 건, 특히나 나처럼 불안한 기질의 사람은 아쉽게도 타인의 소식 속 긍정적인 면은 외면한 채 부정적인 면을 더 깊게 흡수한다는 점이었다.

그러니 이제는 내 방식대로 조금 더 나답게 살아야겠다. 타인의 인생을 기웃거리며 정작 내 인생을 허비하지 않고, 무엇보다 나 자신을 재촉하며 스스로 불행해지는 일부터 그만둬야겠다. 내가 자처한 못난 마음이니 돌보는 것 또한 모두 나의 몫이다.

마음이 가난한 사람은 늘 쫓기는 삶을 산다던데.
아무렴 지금은 최대한 이기적으로 나부터 지켜내야겠다. (2023)

장래 희망

　학창 시절 우리는 늘 호기심이 가득했다. 특히나 훗날 어떤 사람이 될지 작은 힌트라도 얻고 싶은 마음이 간절했다. 적성과 재능을 일찍부터 발견한 아이들은 삶의 방향을 뚜렷하게 설정하기도 했지만, 대부분은 좋아하는 것도 잘하는 것도 불분명한 순진한 어린아이에 불과했다.

　게다가 좋아하는 게 분명해도 공부와 무관한 일이라면 모두 쓸데없는 짓으로 치부하던 시절이었기에, 우리가 최선으로 도달할 미래는 말끔히 포장된 도로처럼 흔하고 단순했다. 우리는 저마다 임시의 꿈이 필요할 뿐이었다. 그래야만 당장의 학업을 유지할 명분이 생겼고, 그렇지 않으면 그 이유만으로도 일탈의 대열에 들어선 학생으로 분류되었다.

　우리는 대학에 진학한 해를 기점으로 만남보다는 소식을 주고받으며 시절을 보냈다. 어떤 사람이 되고 싶으

냐는 질문도 조금 더 구체적이 되었는데, 뒤늦게 구색을 갖추기 위한 꿈이 아닌 각자의 속도로 진정한 꿈을 찾기 시작한 것도 그때부터였다.

누군가는 대학 시절에 꿈을 발견해 전과나 자퇴를 했고, 누군가는 대학을 졸업한 이후에 꿈을 발견해 다른 대학에 다시 입학했고, 그리고 누군가는 취업 이후에 꿈을 발견해 이직과 퇴사를 했다.

물론 생각을 행동으로 옮긴 건 극소수에 불과했다. 대부분은 꿈을 발견하지 못했을뿐더러, 발견했을지라도 너무 늦었다는 이유로 현실의 일들에 전념하기 마련이었다. 그렇다고 꿈을 발견하지 못한 사람들이 결코 삶을 허투루 살거나 행복과 멀어진 건 아니었고, 오히려 그 반대의 경우가 허다했다. 꿈의 유무가 실은 삶의 행복과는 크게 연관이 없는, 어쩌면 사회로부터 강요받은 가치 중 하나일 뿐이라는 것을 학창 시절에는 도무지 알 길이 없었다.

어른이 된 우리는 결국 각자가 바랐거나 바라지 않았던 뭔가가 되었고, 대부분은 생각지도 않았던 뭔가가 되었다. 가정을 이룬 아이들은 갈수록 얼굴을 보기 힘들어졌고, 너무 다른 길을 걷는 아이들은 연락이 두절되었다. 아무런 거리낌 없이 어울리던 아이들이 이제는 상황이 비슷한 아이들끼리만 어울리게 되었다.

하지만 우리는 실망이나 서운함이 들어설 자리에 이미 현실감각으로 빼곡해진 사회인이 되어있었다. 불가피하고 대수롭지 않은 일들로 마음을 다치기에는 지금의 우리는 책임져야 할 것들을 너무 많이 갖고 있었다.

게다가 이제는 누구도 다른 무엇이 되려고는 하지 않았다. 지금의 우리가 어떤 모습일지라도 이제는 다른 무엇이 될 수는 없다고, 그러기에는 너무 늦었다고 합의한 듯했다. 그렇게 우리는 날마다 서로의 안정과 무탈한 일상만을 기도하며 안전하게 살게 되었다.

그럼에도 여전히 세상 어딘가에는 한 번쯤 우리에게 이렇게 물어봐 줄 사람이 남아 있다면 좋겠다.

너는 이다음에 크면 무엇이 되고 싶으냐고.

그럼 우리는 온종일 늙은 소년의 얼굴과 들뜬 기분으로 속마음을 풀어내며 그때처럼 다시 어울릴 수 있을 듯한데, 우리가 삶의 어떤 시기를 건너고 있든 아랑곳없이 다시 맨 처음의 마음으로 도전할 수 있을 것 같은데.

비록 예전처럼 거창한 꿈을 향한 막연한 도전은 아닐지라도, 최소한 일상의 작은 소망들 정도는 우리가 포기하지 않는 한, 결국 이뤄진다는 믿음만큼은 끝까지 간직하고 싶다. (2024)

그리움의 변주

그해 겨울은 상실의 그늘에 젖어 사람을 멀리했다. 차라리 폭설이 세상의 모든 풍경을 하얗게 지운 모습이 그 어떤 말보다 깊은 위안이 되었다. 오래된 습관처럼 집 근처 휴양림에 방문한 날에도 폭설이 내렸다. 늘 우리 셋이 나란히 걸었던 산책로도, 겨울 간식을 팔던 작은 가게도, 거위 한 쌍이 머물던 호수도 모두 숨죽인 채 눈과 얼음 뒤로 모습을 감추고 있었다. 이상하게도 그 풍경이 엄마의 품처럼 다정하고 편안했다. 오직 폭설과 침묵만이 상실의 슬픔을 온전히 보듬어준 날들이었다.

그 후로 한동안 휴양림을 찾지 않았다. 이사를 해서 거리가 멀어지기도 했고, 그 핑계로 마음도 잠시 멀어지고 싶었다. 그러던 어느 맑은 봄날에 아빠와 함께 굳게 닫힌 과거의 문을 열 듯 휴양림으로 핸들을 돌렸다. 마땅히 갈 곳이 없기도 했지만, 그동안 우리도 내심 이곳을 그리워했던 걸까.

그해 겨울에는 폭설에 뒤덮여 온통 하얗던 숲길과 가게들이 다시 본래의 분위기를 되찾은 채 북적이고 있었고, 호숫가에도 흩날리는 벚꽃 아래 거위 한 쌍이 잔잔하게 유영하고 있었다.

아마도 3년 만이던가. 우리는 한 손에 간식을 든 채 익숙한 산책로를 걸었다. 시답잖은 농담을 주고받기도 하고, 별것 아닌 일로 티격태격하기도 하고, 봄날의 푸릇한 풍경을 사진에 담기도 하면서. 이 길에 우리의 발걸음이 닿지 않은 곳은 없었다. 내가 유치원생일 때부터 세 식구가 함께 찾아왔던 곳이니까. 둘 사이에 서서 팔을 한쪽씩 잡고 모든 길에 발자국을 새기던 곳이니까. 오늘은 아주 오랜만에 그동안 잊고 살던 그 시절 꼬마의 웃음을 어렴풋이 다시 떠올린 날이었다.

시간이 그만큼 흘러간 덕분일까. 풍경을 둘러볼 여유가 생긴 걸 보면 어느새 많이 괜찮아졌나 보다. 빈자리를 마주하며 적어도 겉으로는 다시 웃을 수 있으니까. 웃음을 한 겹씩 벗겨 내면 가장 안쪽에 잠든 슬픔의 정수리를 목격하게 되겠지만, 예전처럼 다시 맨 바깥으로 차오를 자리만 내어주지 않는다면 이대로도 충분하겠지. 슬픔을 영원히 봉인하는 건 불가능하고, 설령 삶에서 슬픔이 지워진다면 동시에 그리움마저 사라질 테니 그 또한 행복과는 거리가 멀겠다.

그리움은 늘 슬프고 아픈 감정이라 믿었다. 그런데 계절이 바뀌고 얼었던 호수가 다시 녹아내리듯 그리움의 표정도 봄처럼 밝아질 수 있다는 걸 그해 겨울에는 짐작조차 하지 못했다. 사랑하는 이들 곁에 잠시 머무르다 먼저 떠나거나 떠나보내는 일을 숙명처럼 반복하며 살아가는 우리가, 숱한 슬픔과 아픔 속에서도 끝내 삶을 포기하지 않는 까닭은 어쩌면 그리움의 다양한 변주 덕분이 아닐까.

우리는 여전히 먼저 떠나간 사람을 그리워하며 그 사람의 흔적을 나란히 어루만진다. 다만 이제는 환한 미소를 보내면서. (2023)

가정식 백반

대학 시절에는 학교에서 멀리 떨어진 원룸촌에 살았다. 학교 주변보다 상대적으로 월세가 저렴하기도 했지만, 무엇보다 학교 근처에 살면 사람들의 불편한 연락과 방문을 수시로 마주해야 했기 때문이다. 그래서 그 시절 내 생활권은 학교 수업이 있는 날을 제외하면 대부분 원룸촌 부근이었다. 그런데 집 근처에는 제대로 된 식당이 드물었다. 그건 무슨 일이 있어도 식사를 거르지 않는 내게는 심각한 문제였다. 아무리 집에서 끼니를 해결해도 결국 인스턴트 음식이 전부였으니, 집밥을 향한 갈망은 날이 갈수록 간절해졌다.

하루는 산책을 하다 일부러 평소와는 다른 길로 걸었다. 아직 동네에 내가 모르는 밥집이 많지 않을까 싶었다. 그러다 우연히 낯선 골목에서 간판도 없는 허름한 식당을 발견했다. 출입문에 '가정식 백반'이라는 손 글씨가 대충 써 붙은 허술한 분위기 속에서 한 무리의 아저씨들이 북적이며 식사하고 있었다. 평소라면 무심히 지나쳤을 법한 느낌의 식당이었는데, 그날따라 나는 이끌리듯 식당으로 다가갔다. 아마도 자취생인 내게 식당 이름이 가족과 고향을 떠올리게 했던 걸까.

문을 열고 들어서며 인사했더니 아저씨들 모두가 나를 신기한 눈빛으로 바라봤다. 그들의 복장이 흙먼지로 뒤덮인 걸 봤을 때 아마도 근처 건설 현장 노동자인 듯했다. 솔직히 조금 무섭기도 했고, 식당 분위기도 평범하지 않아서 다시 나가려던 찰나, 주방에서 주인 할머니가 나타나 나를 불러세웠다.

"어떻게 애기가 이런 곳에 왔어?
엄마 밥 먹으려고?"

그 말에 아저씨들이 웃었고, 나도 엉겁결에 따라 웃으며 빈자리에 앉았다. 메뉴는 단 하나였다. 가정식 백반. 말 그대로 단출한 메뉴였다. 흑미밥과 된장국, 계란 후라이와 제육볶음, 그리고 몇 가지 밑반찬으로 구성된 평범한 집밥. 어쩌면 내가 그토록 그리워했던 바로 그 메뉴였다. 할머니는 어느새 내 맞은편에 앉아 밥 먹는 내 모습을 바라보고 있었고, 눈이 마주칠 때마다 말을 건넸다. 학생인지, 무슨 전공인지, 고향은 어딘지 등등. 처음에는 우리 둘만의 대화였는데 급기야 아저씨들도 참여하는 모두의 대화가 되었다. 그 덕분에 경계심을 늦추고 편안한 마음으로 식사를 마쳤다.

그날부터 나는 백반집의 단골이 되었다. 뒤늦게 그런 식당을 함바집이라고 부른다는 걸 알게 되었지만, 내게는 단지 집밥 같은 밥을 먹을 수 있는 작고 다정한 식당이었다. 학교 수업이 없는 날이면 꼬박 그 식당에서 끼니를 해결했으니, 어쩐지 할머니네 식당의 하숙생이 된 것도 같았다. 하루는 할머니가 늘 혼자 와서 밥을 먹는 내가 안쓰러웠는지 다른 먹고 싶은 반찬은 없느냐고 물었다. 나는 괜찮다며 손사래만 치다가 무심코 김치부침개를 좋아한다고 말했다. 그랬더니 며칠 뒤 다시 식당에 갔을 때 할머니는 다른 아저씨들 몰래 내 식탁에만 갓 부친 김치부침개를 올려줬다. 그리고는 환하게 웃으며 부침개를 받은 나보다 더 기뻐했다. 그렇게 식당에서의 시간이 쌓일수록 할머니와의 정든 마음도 나날이 깊어졌다.

그러나 백반집에서의 시간은 생각보다 오래가지 않았다. 내가 다른 동네로 이사하면서 백반집과도 자연스레 멀어진 탓이었다. 야속하게도 작별의 아쉬움도 잠시뿐 나는 머지않아 새로운 산책로를 걷고, 새로운 단골 식당을 찾으면서, 생각보다 빠르게 새로운 동네에 익숙해졌다. 그런데 아무리 애써봐도 할머니와의 마지막 순간이 좀처럼 기억나지 않았다. 분명 식당에서 마주 보고 작별 인사를 나눴던 것 같은데, 잊힐 리 없는 기억이 벌써 희미해지다니 혼자 서운한 마음이 들었다.

그 후로도 일 년에 한 번은 꼭 그 동네의 단골 병원에 방문했지만, 진료가 끝나면 곧장 집으로 돌아왔을 뿐이따금 그 백반집이 떠올라도 선뜻 다시 찾아갈 생각을 하진 못했다. 바쁘다는 핑계로 과거의 추억에 잠길 마음의 여유조차 잃었던 걸까.

하지만 때로는 속수무책으로 감정에 휩쓸리는 날이 있다. 하루는 평소처럼 병원 진료가 끝나고 집으로 돌아가는 길이었다. 문득 그 시절 백반집과 주인 할머니 생각이 머릿속을 스쳤고, 그 순간 나도 모르게 식당 쪽으로 발걸음을 옮겼다. 한동안 무심한 날들을 보냈지만 그날만큼은 감정에 나를 맡기고 싶었는지도 모르겠다.

그런데 추억이 깃든 길을 지나 서서히 식당에 가까워질수록 설렘과 걱정이 동시에 몰려왔다. 할머니가 나를 기억할까. 식당이 사라졌으면 어떡하지. 그러다 마침내 골목을 돌았을 때, 놀랍게도 식당이 여전히 그 자리를 지키고 있었다. 다만 리모델링을 했는지 멀리서 바라본 내부도 오래전 허름했던 분위기 대신 깔끔하고 밝은 느낌이 감돌았다.

평일 점심이라 식당 안은 사람들로 붐볐고, 주방에는 위생모를 쓴 채 일하는 누군가의 뒷모습이 언뜻 보였다. 어쩐지 그 시절 주인 할머니 같기도 해서 나는 긴장된 마음으로 식당 입구로 다가가다 돌연 멈춰 서고 말았다. 어리석게도 그동안 외면했던 당연한 생각이 이제야 추억의 문턱 앞에서 내 발목을 잡은 것이었다.

나는 단순히 오랜만의 반가운 방문으로만 여겼을 뿐, 자그마치 12년이라는 너무 긴 세월이 흘렀다는 걸 미처 생각하지 못했다. 그 세월 동안 나도 이렇게 나이 들었는데, 게다가 그동안 내 곁의 사람들도 하나둘 먼저 세상을 떠났는데, 오직 주인 할머니만 그때 그 모습일 리는 없었다.

추억은 그 자체로 충분한데 섣불리 매만지려 하면 풍선처럼 한순간에 터져버릴지도 모른다. 만약 추억을 오랫동안 선명하게 간직하고 싶다면, 어떤 순간 앞에서는 적당히 물러서는 법도 배워야 한다고. 결국 나는 식당 문을 열지 못한 채 걸음을 돌렸고, 천천히 골목을 벗어나며 진정한 마지막을 예감했다.

다 큰 나를 애기처럼 다정하게 챙겨주던 주인 할머니. 그때의 따뜻했던 기억들이 늦게라도 나를 이곳으로 이끌었는데, 긴 세월 앞에서는 섣불리 안부를 확인하는 일도 망설임이 된다.

물론, 주방에 있던 사람이 정말 할머니였을지도 모르지만, 그 순간만큼은 마침표보다는 영원히 물음표로 남겨두고 싶은 마음을 알까. 어쩌면 오래전 할머니와의 작별 인사가 기억나지 않았던 건, 그 시절을 선명한 장면보다는 막연한 온기로 더 오래 추억하고 싶은 마음이었나 보다.

그 시절 내가 먹었던 가정식 백반은 집밥 같은 밥이 아니었다. 할머니의 백반은 내게는 정말로 집밥이었다. (2022)

늦은 답장

 문득 책장을 정리해야겠다고 결심했다. 조금은 현실적인 이유에서였다. 책장이 집의 너무 많은 공간을 차지하고 있기도 했고, 무엇보다 내 삶이 완전히 한곳에 정착하기 전까지는 최대한 가볍게 옮겨 다니고 싶었다. 마침 집 근처에 중고 서점도 새로 생겼던 터라 더는 정리를 미루지 않기로 했다.

 책장의 책들은 칸마다 이중으로 꽂혀 있어서 어떤 책이 뒤쪽에 꽂혀있는지 알 수 없었다. 물론 앞쪽의 책을 살짝 빼면 뒤쪽을 확인할 수 있었지만, 그렇게는 제대로 확인할 수 없을뿐더러 오히려 더 많은 시간이 걸릴 게 분명했다. 그래서 결국 이사 하는 날처럼 책장의 모든 책을 꺼낸 뒤 간직할 책과 떠나보낼 책을 분류하기 시작했다.

 바닥을 가득 채운 책들을 살펴봤다. 때마다 유행하던 다양한 판형과 표지 디자인이 세월의 흐름을 고스란히 대변해 주는 듯했다. 문학 전집부터 시인선과, 만화

책, 그리고 시사 주간지까지. 분야는 달라도 시절마다 내가 관심을 두고 읽었던 책들이다. 신기한 건 여전히 각각의 책을 구매한 서점과, 선물해 준 사람과, 읽은 장소와 풍경이 머릿속에 선명하게 그려진다는 점이었다. 소중한 사연이 깃들었거나 만약 그렇지 않대도 지금 바닥을 가득 메운 낡고 해진 이 책들이, 내가 살아온 청춘의 모든 흔적이었다.

날마다 고민과 방황이 범람하던 그 시절, 복잡하고 예민한 나를 가까스로 잠들게 했던 건 다른 무엇도 아닌 책이었다. 책 속에 길이 있다는 진부한 옛말을 신뢰했기 때문이 아니었고, 단지 책을 읽다 보면 내 삶이 최소한 경로를 이탈하진 않겠다는 직감 혹은 착각 때문이었다.

청춘을 함께 보낸 책들을 떠나보내는 일에는 각오가 필요했다. 누군가는 책도 어차피 다른 물건과 마찬가지라며 무심히 상자에 몰아 담을 수도 있겠지만, 나는 무엇보다 종이책 파손이 속상한 사람이라 차마 그럴 수 없었다. 떠나보낼 책들에게 작별 인사를 건네듯 한 권씩 가지런히 상자에 담았다.

유독 인상 깊게 읽었던 책은 다시 한번 밑줄 그었던 문장들을 훑어보기도 하면서, 그러다가 어떤 책은 차마 떠나보낼 수 없어 살며시 다시 책장에 꽂아놓기도 하면서.

그러던 도중 나는 우연이 아니라면 불가능한 장면과 맞닥뜨렸다. 시집 한 권을 상자에 담다가 문득 펼쳐 든 페이지 한구석에서 연필로 적힌 이런 문장을 발견한 것이었다.

'언젠가 책 위에 사인해 줄 너를 위해서.
2011년. 12월.'

무방비 상태의 나를 기습한 한 줄의 문장에 머릿속이 새하얘졌다. 누구였을까. 이름도 없이 한 줄의 메시지만 남긴 채 아무런 말도 전해주지 않았던 그 사람은. 눈을 감고 10년이 넘는 세월을 거슬러 올라봤지만 도무지 짐작할 만한 사람이 떠오르지 않았다.

2011년 겨울. 당면한 현실의 과제를 제쳐놓고 오직 작가가 되고 싶다는 열망만 가득했던 그때. 이 책을 동네 도서관 창밖의 서늘한 풍경을 바라보며 읽었던 기억은 되살아났지만, 메시지를 남겨준 사람에 대해서는 범위를 좁혀볼 뿐 끝내 생각해 내지 못했다.

하지만 어떻게든 떠올려보겠다는 집요함보다는 누군지 몰라도 꽤나 가까웠을 그 사람을 향한 고마움이 앞섰고, 지금도 여전한 나의 오랜 꿈에 괜히 마음이 뭉클했다.

잊고 살 때가 많지만 나는 생각보다 오래전부터 작가 지망생이었다. 지금은 운 좋게 작은 책 몇 권을 출간한 사람이 되긴 했어도, 내가 생각하는 작가의 모습에 닿기에는 턱없이 역부족일 따름이다.

어쩌면 그 익명의 메시지는 지금까지 수고롭게 써 온 글들을 귀하게 여기는 대신, 앞으로 써야 할 글만 생각하며 잠시 뒤를 돌아볼 여유조차 잃어버린 지금의 내게 절실한 문장이었을지도 모른다. 메시지가 적힌 시집을 손에 들고 상자에 담을지, 다시 책장에 꽂을지 망설이다 많은 시간이 흘렀다.

물론 간직하는 게 좋은 걸까, 아니면 이제는 떠나보내는 게 맞는 걸까. 금방이라도 끝날 듯했던 책장 정리가 한나절을 넘기고도 끝나지 않았다. 모두 추억과 마음 탓이었다.

책은 정말 여러모로 내 삶을 뒤흔들어 놓는다.

누군지 모를 당신에게, 그 시절 치기 어린 나의 꿈을 응원해 줘서 고마웠다고, 이제야 뒤늦은 답장을 전한다. (2023)

보통의 자세

　우연과 행운의 힘이 연달아 맞물리면 나는 한순간 불안에 잠식된다. 그런 일들이 내게 발생한 사실을 믿지 못해서 한동안 의심과 경계의 태도를 늦추지 않는다. 누군가는 늘 우연과 행운의 힘이 동반되는 삶을 살았을지 모르겠지만, 나는 그렇지 않았다. 오히려 실패와 탈락의 기운과 친숙한 삶을 살았기 때문에 성과나 행운을 잘못 배송된 선물처럼 좀처럼 내 몫의 행복으로 받아들이지 못한다. 노력은 성과를 기대하기 마련인데 성과란 늘 상대적이고 상향적이라 마음을 충족시킬 수 없고, 특히나 합격과 탈락의 절대적인 기준 앞에서 나는 대부분 탈락에 속한 사람이었다.

　실패와 탈락에 익숙해지면 간신히 노력을 유지하면서도 더는 기대하지 않은 버릇이 생긴다. 성과나 합격을 위한 노력보다는 단지 노력을 위한 노력, 즉 노력이 보통의 자세가 된다. 한 자세에 오랫동안 길든 몸은 이미 굳어서 좀처럼 자세를 바꿀 수 없다.

노력이 습관이 됐다는 말은 언뜻 바람직한 삶의 태도 같지만, 노력은 늘 미련과 등을 맞대고 있는 관계다. 성과없는 노력이 지속될수록 지금 나의 분투가 노력인지 미련인지 분간하기 어렵다. 그럴 때면 내 삶이 진공 상태처럼 현실이 아닌 공중에 발을 딛고 있는 듯 아득해진다.

실패 이후에는 항상 선택의 순간이 찾아온다. 돌이킬 수 없으니 노력을 지속하거나, 용기를 내서 미련을 내려놓거나. 모두 각자의 상황에 맞는 대범하고 현명한 선택이 아닐 수 없다. 고민 끝에 노력을 지속하는 쪽을 선택한 사람은 아주 작더라도 분명한 결실이 간절하다. 혹여나 타인에게 볼품없는 성과라도 자신의 노력이 헛수고가 아니라는 걸 증명해 줄 일말의 결실. 그것은 성과를 향한 오래된 갈증이 해갈되기 시작하는 중대한 전환점이 된다.

그런데 실패에 익숙한 사람에게는 간절함 끝에 얻은 결실도 행복과 만족보다는 당황과 낯섦에 가깝다. 결실을 제대로 맺어본 적 없으니 익숙하지 않을뿐더러 친숙해질 방법조차 모른다. 어쩐지 금방이라도 택배 기사가 돌아와서 잘못 배송된 행운을 되찾아갈까 봐 불안하다. 이건 당신의 행운이 아니라고 사과하면서.

하지만 불안해도 가련하진 않다. 행복을 수용하고 만끽할 방법이 익숙하지 않을 뿐 작은 결실일지라도 비로소 허상이 아닌 구체적인 현실이 되었으니까. 신뢰는 작은 믿음이 지속적으로 반복될 때 완성되는 것처럼, 우연히 찾아온 낯선 결실과 행복도 꾸준히 마주하다 보면 안심하며 끌어안는 날도 있을 것이다.

오히려 지난날의 고단함으로 감동과 만족의 역치가 낮아져서 작은 일에도 크게 행복을 느끼는 사람이 되기도 한다. 물론 모든 일은 정반대의 경우도 성립하는 불가피한 진실이 도사리고 있지만, 지금은 애써 밝은 쪽으로만 걷고 싶다.

노력이 보통의 자세가 된 사람의 인생은 멀리 돌아가더라도 결국 환한 곳을 가리킬 테니까. (2025)

골목의 학습

 늦은 밤 학원가 골목은 타버린 빵처럼 새카맣고 지저분했다. 구석마다 공중을 부유하는 붉은 점들을 돌연변이 반딧불이로 믿고 다가가면 동네 형들이 피워대는 담뱃불이었다. 형들은 동네 학생들의 짤랑거리는 주머니를 좋아하는 소위 말하는 질 나쁜 일진들이었지만, 어딘가 복잡하고 애매한 구석이 많았다.

 한 번은 형들이 나를 불러세우더니 불 꺼진 건물 지하로 데려갔다. 그리고는 친절하게도 근처에 버려진 종이상자로 계단에 방석을 마련한 뒤 나를 앉혔고, 자신들은 계단에 대충 앉거나 벽에 기대선 채로 담배에 불을 붙였다. 어둠을 수놓는 그들의 붉은 반딧불이를 바라보며 하필이면 학원비를 몽땅 챙겨온 오늘 걸리다니 참 재수도 없다고 생각했다.
 형들은 애써 무서운 표정을 지으며 연신 담배만 피웠다. 입에 올려본 적 없는 무서운 단어를 고르는 것처럼 담배를 문 입술이 파르르 떨리고 있었다. 기다리다 지친 내가 먼저 학원비 봉투를 건넸더니 형들은 엉겁결에 그 봉투를 받아 들고 당황한 눈빛을 교환했다. 그리고는 이내 담뱃불을 바닥에 비벼끄고 지폐를 꺼내서 수차례 금액을 확인했다. 대장인 듯한 형이 한참을 고민하더니 범죄의 현장 속 인원에 맞게 현금을 정확하게 배분했다. 이상한 건 그 인원에는 나까지 포함되어 있다는 점이었다.

내 학원비로 내게도 다시 용돈을 챙겨주는 공평하고 친절한 나눔이라니. 임무를 마친 형들은 미안하다는 말을 남긴 채 계단 위로 사라졌다. 골목은 위험하니 밤늦게 혼자 다니지 말라며 차례로 내 머리를 쓰다듬으면서.

그것은 골목 특유의 낭만이었을까. 일탈 속에서도 마지막 끈을 놓치지 않기 위한 그들만의 어설픈 질서이자 규칙이었을까. 혹은 차마 숨기지 못한 유약한 기질이었을까. 학원비를 빼앗겼으나 전부를 빼앗기진 않았고, 돌려받았으나 전부를 돌려받진 못한 심정은 난감하고 복잡했다. 빼앗을 거라면 다 빼앗던가. 돌려줄 거라면 다 돌려주던가. 그렇게 애매한 태도로 무슨 일진 놀이를 하겠다고.

늦은 밤 불 꺼진 건물에서 홀로 나와 학원 대신 집으로 돌아가는 길은 유독 분하고 억울했다. 물론 그 형들 앞에서는 일말의 반항도 못한 채 스스로 돈봉투를 건넸지만, 어쩐지 형들의 어설픈 태도를 봤을 때 내가 돈이 없다고 하면 얌전히 보내줬을지도 모르겠다.

　세월이 많이도 흐른 지금의 나는 골목이 없는 길에서도 골목을 찾아 헤맨다. 어쩐지 사람들로 북적이는 환하고 안전한 큰길은 내가 있을 곳이 아닌 듯하고, 이제는 형들에게 돈을 빼앗길 일도 없으니 비좁아도 자유로운 골목에 들어서야 비로소 내 집처럼 몸과 마음에 여유가 깃든다.
　그렇다고 섣불리 큰길을 외면한 채 골목에서만 살아갈 자신도 없는 나는 이렇게 애매하고 복잡한 어른이 되었다. 싫음과 좋음이 확실하고 겉과 속이 같으면 행복하다던데, 싫어도 망설이고 좋아도 망설이는 나는 그럼 행복과는 거리가 멀겠구나. 어렵게 방향을 정했으면 그대로 가야지. 어쩌자고 계속 이미 지나온 길을 돌아보며 후회하고 슬퍼하며 신세를 한탄하는 걸까.

　너무 늦었지만 이제 와서 형들에게 궁금한 게 있다. 애매한 태도가 확고한 태도보다 떳떳했는지. 물러서는 마음이 어설프게 못난 마음보다 부끄러웠는지. 극단으로 치우치는 것보다 어설프게 중간을 지키는 것이 여전히 괜찮은 선택인지.

그동안 먼저 어른의 세상을 살아보니 형들은 어땠어. 어쩌면 나는 그 시절 골목에서 배운 것들로 지금까지 살아온 것 같은데. (2022)

이것은 책입니다

　문득 오래전 북페어 때의 일화가 떠올랐다. 그날도 여느 때처럼 책들을 부스에 진열해 두고 자리에 앉아 있었다. 관람객이 많을 때는 시간이 빠르게 흘렀지만, 그렇지 않을 때는 시간이 멈춘 것처럼 무료했다.
　그렇게 페어가 끝나갈 무렵, 멀리서 교복 차림의 여학생이 흥미로운 표정을 지으며 내 부스를 향해 걸어왔다. 진열해 둔 책들과 나를 잠시 번갈아 살펴보던 그녀가 내게 물었다.

　"혹시 이게 뭐예요?"

　그동안 여러 번 북페어에 참여했지만 처음 듣는 질문이었다. 무엇보다 그녀는 호기심 가득한 얼굴로 나의 대답을 기다렸다. 그 표정은 일말의 장난과 다른 의도는 조금도 섞이지 않은 투명한 궁금증을 의미했다. 나는 잠시 머뭇거리다 이미 답이 정해진 답변을 했다.

"이것들은 책입니다..."
"우와..."

그녀의 감탄은 뜻밖에 어떤 골동품을 발견이라도 한 듯했다. 그리고는 조심스레 책들을 만져보기도 하고, 책장을 넘기며 냄새를 맡아보기도 하더니, 이내 근처의 친구들과 함께 다른 곳으로 떠났다. 하필 친구들에게 건넨 말이 고스란히 나의 귀에 전달되었다.

"진짜 신기해. 다 책이래. 책을 파나 봐"

나 또한 그녀의 말들이 신기하고 적잖이 당황스러웠지만, 한편으로는 그 말들을 곱씹을수록 충분히 그럴 수도 있겠다는 생각이 들었다.

종이책이 당연했던 유년 시절을 거쳐온 나는 종이책의 쇠퇴를 슬퍼하겠지만, 애초부터 전자기기로 학습과 독서를 시작한 세대에게 종이책이란 마치 옛 시대의 유물처럼 받아들여지는 것도 그리 이상한 일은 아닐 테니까.

자연스러운 변화의 흐름과 속도를 누가 막을 수 있을까. 더군다나 편리하고 간편하다는데 마다할 이유도 없을 것이다. 다만 사람들의 적응력이 그 속도를 초월하고 있다는 느낌을 받았다. 언젠가 오랜 시간이 지나면 종이책을 박물관에서만 볼 수 있는 날도 찾아올까. 예정된 미래라고는 해도 그건 조금 슬픈 소식이 될 것 같다.

물론 그 변화에 가장 슬퍼할 사람들은 자연의 순리에 따라 점점 세상에서 사라져갈 테고, 새로운 변화 또한 금세 일상의 흔한 풍경이 될 테지만. 그래도 아직은 머나먼 이야기로 남아주기만을 바랐다.

그녀의 질문이 여전히 내 안을 맴도는 걸 보면, 그 말은 작게나마 책을 쓰고 만드는 내게도 변화를 실감하게 해준 중요한 말이었나 보다. (2021)

절반의 인간

혼자 글을 쓴 지도 오랜 세월이 흘렀다.

열정과 끈기가 부족한 삶을 살았지만 유일하게 글을 쓸 때만큼은 마음 깊은 곳에서부터 열망이 끓어올랐다. 오랜 방황 끝에 마침내 인생의 의미를 발견한 느낌이었고, 그때부터는 다른 세상의 문이 열린 것처럼 일상의 모든 순간이 새롭게 다가왔다. 글쓰기에서 비롯된 환희와 자극이 충족되지 않은 일상은 늘 무기력하고 불안하기만 했는데, 그것은 정신적 허기와 같았고 그럴수록 더 맹목적으로 글쓰기를 부여잡았다.

하나에 중독되니 다른 모든 것이 무의미했다. 사람마저도 예외는 아니었다. 사람을 만나는 것보다 글쓰기를 사랑했으니 자연스러운 흐름이었다. 늘 선택의 상황이 찾아오면 조금의 망설임도 없이 글쓰기를 택했다. 문장이 발전할수록 사람과의 관계는 비좁아졌지만, 그때는 그 엇갈린 균형처럼 불가피하고 매력적인 상태도 없다고 믿었다. 현실의 삶이 방향을 잃어도 오직 문장만 발전하고 있다면 그것으로 충분했고, 마침내 문장의 감옥에 스스로를 가둔 채 나만 아는 곳에 열쇠를 숨겨뒀다. 그리고는 누군가 다가와 나를 꺼내주려 할 때마다 열쇠를 도둑맞았다고 거짓말을 했다. 결국 그렇게 나는 현실보다는 문장 속에만 존재하는 절반의 인간이 되었다.

오직 책장 속 나의 작은 책들만이 흘러간 세월을 증명하듯 나란히 잠들어 있었다. 어쩌면 나는 그 종이 뭉치들과 청춘을 맞바꾼 셈일지도 모른다. 만약 누군가 고작 이 정도를 위해 청춘을 허비했느냐고 묻는다면, 나 또한 그 종이 뭉치들처럼 침묵할 뿐이지만.

살면서 가끔은 너무 막다른 길을 걸어왔다고 생각할 때도 있었다. 그렇다고 힘겹게 지켜낸 길을 후회하거나 부정할 용기도 없었다. 불현듯 밀려오는 후회의 여파는 내가 쉽게 막아낼 수 있는 작은 물결이 아니었다. 그것은 평범한 일상을 한순간에 집어삼키는 드높은 파도에 가까웠고, 그 파도는 예고도 없이 수시로 밀려와 날카로운 질문들을 남겼다.

만약 글을 쓰지 않았더라면 어땠을까. 애초에 글을 쓰지 않고 현실에 집중했더라면 어땠을까. 친구들처럼 취업을 서두르고, 재능이라는 말을 흘려들으며, 꿈 대신 안정적인 삶을 선택했더라면 어땠을까. 그런 부질없는 질문들이 밀려올 때마다 나는 한없이 못난 사람이 됐다. 청춘과 맞바꾼 글쓰기를 원망하는 것은 물론, 비교와 질투에 사로잡혀 신세를 한탄하기도 했다.

　결국 문장에 갇힌 채로도 바깥세상까지 기웃거리고 싶었던 것이면서. 그렇게 내 안에 깃든 못난 기운을 온몸으로 쥐어뜯으며 위태롭게 흔들리는 일상을 버텨냈다.
　그러나 어차피 돌이킬 수 없다는 생각이 내게 그림자처럼 달라붙어 있었다. 현실의 내 모습보다 문장 속 내 모습이 커진 지 오래되었고, 심지어 나는 그 뒤틀린 균형에 여전히 자부심을 느꼈다. 직장 일을 할 때도 이따금 글을 쓰는 자아가 껍질을 찢고 튀어나오려 했지만, 그때마다 여긴 네가 참견할 자리가 아니라며 능숙하게 자신을 타일렀다.
　현실의 나를 살리지 못하면 문장 속 나도 살아남지 못한다. 그 둘은 엄연히 다른 일을 하지만 결국 모든 신경이 연결된 떼어낼 수 없는 유기체니까. 그래서 어느 한쪽도 대충 살아지도록 내버려둘 수는 없다. 지금은 꿈과 현실을 명확히 나눌 수 없으니, 일단은 젊은 날의 열망으로 두 개의 삶 모두를 전력으로 살아내는 수밖에.

그리고 파도가 남긴 마지막 질문이 있다. 혼자서만 치열했던 나의 기록들은 과연 무슨 의미와 가치가 있을까. 누구를 위한 기록이었는지, 무엇을 위한 기록이었는지, 그리고 누구도 나의 문장을, 나라는 글쓰기를 짝사랑하던 사람을 기억하지 못한대도 상관없을까. 내가 기록한 모든 문장이 머지않아 재도 남지 않고 영원히 증발한대도, 그럼에도 나는 기록하고 제작하는 일을 앞으로도 지속할 수 있을까.

지금의 나는 일부러 그 질문을 외면한다. 하지만 언젠가 다시 내게 같은 질문이 찾아온다면, 그때는 가장 나답게 대답하기 위해서라도, 그동안 내가 기록한 문장들의 발자국을 유심히 살펴봐야만 한다. 어쩐지 이제는 문장의 감옥이나 열쇠 같은 것들이 모두 무의미한 환상처럼 느껴진다. 그만큼 이미 나와 글쓰기는 따로 분리할 수 없는, 단지 현실의 삶을 대하는 하나의 익숙하고 평범한 태도가 된 것인지도 모르겠다.

돌이킬 수 없다면 그 태도가 세월을 따라 내 삶에 온전히 안착하고 깊어지길 바라는 마음뿐이다. 비록 현실에서는 절반의 인간이었을지라도 문장 속에서는 온전했던 나를 위해서라도. (2023)

빗금의 마음

　매년 연말이 되면 달력을 거꾸로 넘겨본다. 계절을 거슬러 가을과 여름을 지나 다시 지난봄에 도착하는 동안, 일 년간 달력에 적었던 크고 작은 약속과 다짐이 머릿속을 빠르게 스친다. 종이 달력을 좋아하는 이유는, 우선 중요한 일정을 한눈에 확인하는 알람의 용도가 있겠지만, 무엇보다 그 빼곡한 흔적들을 볼 때마다 지나온 한 해의 장면들이 더 선명하게 떠오르기 때문이다.

　물론 달력 어플을 사용하면 훨씬 깔끔하고 편리하게 일정을 기록할 수 있을지 모른다. 하지만 그곳에는 실패의 흔적들이 남아있지 않다. 계획하고 다짐했던 일들을 지켜내지 못해도 손쉽게 삭제하거나 수정할 수 있으니까. 어쩌면 그건 미궁 속에서 자신의 발자국을 지우며 앞으로만 걷는 일과도 같다. 그러면 처음의 마음도, 성공과 실패를 거쳐 도착한 지금까지의 여정도, 모두 증발하는 듯한 느낌을 받는다.

어제 적었던 약속과 다짐에 빗금을 치고, 다시 오늘의 약속과 다짐을 새롭게 적는 그 숱한 반복 속에는 일탈과 실패의 흔적들이 가득하다. 그 과정과 마음을 한 단어로 표현하면 아마도 '그럼에도 불구하고'가 아닐까. 달력에는 한때 가능한 미래라고 믿었던 모든 흔적이 남아있고, 그 흔적들이 지금의 나를 아프게 할 때도 많지만, 그럼에도 불구하고 다시 시도했던 그때의 최선이 담겨 있다.

오늘부터는 새해의 달력을 채우기 시작했다. 가장 먼저 하는 일은 오랜 인연들의 생일에 동그라미를 그리는 일. 그다음은 미리 잡힌 일정들과 계획들을 적어두는 일. 이 계획과 다짐들도 무수히 수정되고 실패하겠지만, 수정 테이프로 말끔히 지우기보다는 실패한 그대로 빗금을 치며 나아가고 싶다. 과거의 흔적을 모두 지워버리면, 결국 지금의 나는 아무런 기억도 추억도 없는 오직 현재에만 존재하는 공허한 사람에 불과할 테니까.

그런 의미에서 나만의 올해의 단어는 '그럼에도 불구하고'이다. 나를 살게 한 단어이고, 우리 모두를 끝내 다시 살게 하는, 영원히 사라지지 않을 단어가 아닐까.

앞으로 순탄하지 않은 인생이 펼쳐질지라도, 항상 이 단어를 잊지 않는다면 시간이 오래 걸려도 결국 다시 시작할 수 있을 것 같다. 지난 빗금들을 돌아보며 새로운 마음으로 달력의 첫 장을 채운다.

새하얀 불안과 설렘을 동시에 끌어안고. (2024)

겸손의 오해

겸손이 미덕이라 배웠다.

그리고 다행히도 겸손은 내 성격과 잘 맞았다. 자신감이 부족하고 수줍음이 많은 사람은 의도하지 않아도 겸손한 사람으로 오해받는다. 그런데 그 오해가 나를 안전하게 보호해 줬다.

저 사람은 자신을 낮추는 사람이야.
저 사람은 허세를 부리지 않아.

나는 듣기 좋은 말들만 그대로 받아들여 겸손한 이미지에 나를 끼워 맞췄다. 겉으로는 어떤 성과나 칭찬에도 오만과는 거리가 먼 수줍음으로 일관하면서.
물론 연기는 아니었고 다만 자신감이 부족할 뿐이었지만, 사람들이 씌워준 이미지가 실제로 나를 바꾸고 있었다. 자신을 낮추는 습관은 나의 글과 책에도 고스란히 드러났다. 고전문학으로 독서의 세계에 입문한 사람으로서 단지 일상의 작은 순간을 기록하는 나는 먼지보다 작은 존재라고 생각했다. 아무리 노력해도 그토록 탁월한 책들 앞에서 나의 글은 한낱 일기에 불과하다고 확신했다. 그래서 늘 독자분들 앞에서도 그 생각을 여과 없이 전달했다.

작은 책을 읽어주셔서 감사하지만, 저의 글은 먼지보다 작은 기록들이라고.

실제로 그렇게 생각했을뿐더러 자세를 낮춘 태도가 언제까지나 나의 방패가 되어줄 것이라 믿었다. 그런데 지난 북토크 때 한 독자분이 내게 이런 말을 몰래 전해줬다.

자신을 낮추는 것도 좋은 태도이지만, 너무 낮추기만 한다면 독자들은 속상한 마음이라고. 북페어와 북토크에 직접 찾아오는 독자들은 작가를 좋아하고 궁금해서 보러 오는 건데 조금 더 자신감을 갖고 활동해도 좋겠다고.

집으로 돌아가는 길 내내 그 말을 곱씹었다. 나는 그분이 전해준 말을 결국 이렇게 해석했다. 나의 태도가 독자분들에게 긴밀히 연결된다는 것. 내가 나의 글과 책에 최소한의 자부심을 가져야만, 독자분들 또한 자신들의 선택과 취향에 자부심을 느낄 수 있다고.

겸손이 미덕이라 배웠다. 나는 겸손을 익힌 줄 알았는데 알고 보니 겸손한 이미지 뒤에 숨는 방법을 익힌 것뿐이었다. 그래서 이제는 자부심을 갖기로 했다. 내가 쓰는 글에 대한, 내가 하는 일에 대한 최소한의 자부심.
나는 겸손을 잘못 이해하고 있었다. 자신을 낮춘다는 의미는 자신을 하찮게 여기는 태도가 아니라 자신과 타인을 모두 존중하는 태도에 가까웠다.

독자분들에게 늘 많은 걸 배운다. 그들을 믿는 만큼 나 자신을 조금 더 믿어주기로 했다. (2023)

따뜻한 안녕

 오래된 차를 멀리 떠나보내는 날. 직장 생활의 시작부터 끝까지 함께 달린 내 삶의 첫차이자 유일한 차였는데. 어느새 세월이 흘러 낡고 오래된 차가 되었네. 보살핌에 게으른 나를 만나 잔병치레도 많았지. 네 덕분에 기쁨도 슬픔도 안전하게 견뎠는데, 정작 나는 낡은 차를 바꾸고 싶다고 투정만 부렸구나. 정든 너를 떠나보낼 때가 되어서야 아쉬움에 작별을 미루고픈 나도 별수 없는 사람일 뿐이지.

 하지만 내 기억 속에는 그런 사람도 있단다. 작고 낡은 차에 흰둥이라는 이름을 붙여주고 늘 정성으로 보살피던 사람. 덕분에 원래도 하얗던 차가 그 사람의 손길을 만나 아파트 주차장에서 가장 새하얀 차로 지냈지. 흰둥이는 늘 그 사람을 태우고 마트와 병원을 오가는 게 전부였지만, 그 시간들이 차곡차곡 쌓여서 그들은 둘도 없는 단짝 친구로 지냈는데.

머지않아 흰둥이의 잦은 고장에 작별이 불가피한 날이 찾아왔지. 나는 흰둥이가 떠나기 전날 그 사람의 하루를 몰래 관찰했어. 그 사람은 주차된 흰둥이 곁에서 한참을 서성였네. 손으로 쓰다듬다가 등을 대고 기대기를 반복하면서. 그때의 나는 작은 일에도 마음을 앓는 그 사람을 이해하지 못했지. 너무 낡아서 위험해진 차를 이제는 바꿔야 한다고 핀잔만 주곤 했으니까. 마침내 흰둥이가 떠나던 날, 그 사람은 온종일 말없이 식탁에 앉아 있었어.

사물에도 정이 많은 사람. 그 사람을 두고 하는 말이었어. 나는 그때는 몰랐던 마음을 오늘에야 뒤늦게 알게 되었지. 너의 운전석에 앉아 다가올 작별을 준비하기 시작했어. 오랫동안 변속기에 감겨있던 그 사람이 준 염주를 풀고, 수납공간에 담겨 있던 지난 인연들과의 추억을 털고, 트렁크 속 잡동사니를 꺼내자 우리는 오래전 그날처럼 텅 빈 상태가 되었네.

이제 사람들이 도착하면 너를 데려갈 거야. 먼 길을 떠나는 말의 품을 꼭 끌어안고 작별의 다독임을 전하듯, 나는 깊게 정든 네 안에 홀로 앉아 가만히 몸체를 어루만지며 다독여주었지. 네가 창피했던 적도 많았지만 돌아보면 너와의 순간은 모두 선물 같았네. 네가 멈추지 않은 덕분에 늦지 않게 만남과 작별을 향해 달려갈 수 있었고, 네가 늘 곁을 지켜준 덕분에 무료한 일상을 사람에게 기대지 않고 견딜 수 있었지.

그치만 나는 금세 너를 잊게 될 거야. 새 차에 익숙해져 네 생각이 사라질 거야. 하지만 내 청춘의 터널을 처음부터 줄곧 함께 달려준 건 다른 누구도 아닌 바로 너였잖아. 그것만이 우리의 영원한 기억이 되겠지.

고맙다는 말도 시기를 놓치면 혼자 삼켜내야만 하더라. 너무 이르거나 늦은 인사는 관계를 이상한 곳으로 데려가더라. 그동안 마음이 가난한 내 곁에 머물러줘서 고마웠어. 잠시라도 너를 부끄러워했던 나를 용서하기를. 모든 기억을 잊고 홀연히 떠나 다음 사람도 나처럼 안전하게 지켜주기를.

사물에도 정이 많던 사람. 그래서 작은 일에도 마음 아파하던 사람. 그 사람을 가장 닮은 사람은 역시나 나일 수밖에.

우리의 마음은 아팠지만 우리의 곁은 다정했기를. 작별의 순간까지 편안히 머물다 따스하게 떠나갔기를.
(2024)

아빠의 도전

본가에 올 때마다 어린애가 된다. 분주한 일상 속 긴장의 맥이 풀려 수시로 보호가 필요한 미취학 아동의 생활로 돌아온다. 일상의 루틴을 잃고 아빠가 자라면 자고 일어나라면 일어난다. 밥을 먹자면 밥을 먹고 산책을 가자면 산책을 간다. 그러다 정신이 번뜩 들어 노트북을 펼친 채 밀린 일을 해보지만, 길 잃은 사람처럼 화면을 배회할 뿐이다. 어느새 책상 앞에 앉아 있던 몸이 푹신한 소파를 거쳐 안락한 침대로 옮겨진다. 평소에는 낮잠이 드문데 본가에서는 참을 이유가 없다. 모처럼 알람도 맞추지 않고 저절로 눈이 떠질 때까지 잔다.

그런데 오늘은 방문을 열고 나를 부르는 아빠의 목소리가 단잠을 깨웠다. 아들 얼른 일어나봐. 보여줄 게 있어. 무슨 일이 있는지 장난기 가득하고 들뜬 목소리였다. 무겁고 몽롱한 몸을 간신히 일으켜 거실로 나갔을 때 기름진 음식 냄새가 콧속을 파고들었다. 아빠가 손짓

하는 주방으로 갔더니 뭔가 심상치 않은 장면이 펼쳐져 있었다. 조리대는 각종 조리도구로 가득했고, 식탁에는 여러 반찬들로 저녁 식사가 차려져 있었다. 설마 아빠가 차린 건가. 놀란 표정으로 멀뚱하게 서 있는 내게 아빠는 식탁에 있던 그릇 하나를 보여주며 자랑하기 시작했다.

그때 말한 감자전이야. 손이 엄청 많이 가더라. 식기 전에 얼른 먹어봐. 그러더니 젓가락으로 대충 찢은 감자전 한 조각을 내 입에 넣어줬다. 얼떨결에 입에 담긴 감자전을 오물거렸다. 아빠는 내 앞에서 긴장한 표정으로 계속 반응을 기다렸다. 평생 요리와는 담을 쌓았던 사람이 만든 음식인데 이상하게 맛있었다. 아빠 너무 맛있다. 근데 요즘은 냉동으로도 잘 나와서 팬에 부치기만 하면 되는데. 직접 하면 너무 힘들잖아. 아빠는 뒤에 이어진 말은 안 듣고 앞부분만 들었다. 맛있다니 다행이네. 많이 먹어 아들. 얼마든지 또 해줄게.

그러더니 시험에 합격한 사람처럼 안도의 한숨을 내쉬고는 다시 팬에 감자 반죽을 덜어내기 시작했다. 감자전이 얼마나 손이 많이 가는 음식인지, 감자를 강판에 갈고, 체에 밭쳐 즙을 받고, 전분을 다시 반죽과 섞고, 얇고 바삭하게 부치는 과정까지 차례대로 신나게 설명하면서.

사건의 전말은 이랬다. 혼자 살지만 인기 많은 아빠의 주방에는 늘 사람들이 건네준 음식들로 가득하다. 냉장고에는 여러 집에서 건네준 반찬들이 빼곡하고, 베란다에도 각종 물품들로 발 디딜 틈이 없다. 그런데 이번에는 그중 농사짓는 집에서 아빠에게 감자를 두 박스나 나눔 했다는 것. 혼자 사는 아저씨가 무슨 수로 감자를 두 박스나 먹을까. 그렇다고 싹이 날 때까지 그냥 둘 수도 없으니, 급기야 아빠는 직접 감자 요리를 배운 것이었다.

하루는 아빠가 보낸 메시지를 확인하니 웬 감자전 사진이 첨부되어 있었다. 아들 이거 아빠가 했다. 잘 만들었지. 집에 오면 해줄게.

그게 바로 오늘의 감자전이다. 나는 식탁에 앉아 아빠가 바로 해주는 얇고 바삭한 감자전을 참새처럼 계속 받아먹었다.

그러나 아빠의 속마음은 모른다. 어쩌면 이랬을 수도 있다. 엄마가 먼저 떠난 후 아빠와 나는 본가에서 만나도 늘 외식을 하거나 배달 음식을 시켰다. 누구라도 먼저 요리를 시도할 수도 있었겠지만, 몇 차례의 실패를 겪으며 아마도 서로 자신감을 잃었었나 보다. 각자의 생일에도 대부분 따로 보내거나 가끔 함께 보내도 역시나 외식과 배달이었다. 자주 만나지 못하는 아들이 생일에도 집밥을 먹지 못하는 모습과, 손쉽게 만들어줄 수 없는 자신이 조금은 안쓰러웠던 걸까. 그래서 밖에서 함께 맛있는 음식을 먹을 때면 다음에는 꼭 아빠가 배워서 만들어준다고 했던 걸까. 만약 그런 마음이었다면 내게 정확하게 도착했다고 말해줘야지. 말보다는 나도 뭔가를 배워서 아빠에게 돌려줘야지.

가끔은 이렇게 본가에서 어린애처럼 살고 싶다. 잘하면 칭찬도 받고 못하면 꾸중도 받으면서. 그러나 대부분 아무것도 안 해도 사랑만 받으면서. 가만히 주방에서 앞치마를 두른 아빠를 상상한다. 투박한 손으로 사과 껍질을 깎고 예쁜 그릇에 담아 내 책상에 올려두는 마음을, 맛있는 음식을 먹으면 친구들에게 레시피를 받아적어 냉장고에 붙여두는 마음을, 그리고 내가 잠든 방문을 조심히 열고 닫는 마음을 떠올린다. 나도 그 마음을 알 것 같아서 일부러 투정도 부리고 뭘 더 해달라고 적당히 떼를 쓴다.

그러면 집이 괜히 조금 더 복작거리는 느낌도 나고, 우리 둘이도 충분히 잘 사는 것 같아서. 그래서 아빠와 있을 때만큼은 언제까지나 어른인 척하고 싶지 않다.

다시 본가를 떠나 분주한 일상이다. 일상의 루틴이 돌아오고 누구도 내 삶에 간섭하지 않는다. 모든 건 알아서 스스로의 세상이다. 때와 장소에 맞는 표정을 쓰고 살다가 본모습이 탄로 날 때쯤 다시 경쾌한 알림 소리와 함께 아빠의 메시지가 도착한다. 이번에는 김치부침개 사진이다.

아들 다음에 집에 오면 해줄게. 저녁 잘 챙겨 먹어라. 예쁜 그릇에 담긴 김치부침개 옆에 간장 종지와 젓가락이 가지런히 놓여있다. 이번에는 마침 김장철이라 누군가 김치를 듬뿍 줬나 보다. 그 사진을 보고는 지친 하루에 괜히 웃음이 나서 잔소리를 한다.

아빠 김치도 짠데 간장까지 찍어 먹으면 어떡해. 그래도 예쁘게 잘했네. 다음에 집에 가면 꼭 해줘요. 나도 김치부침개 좋아하니까.

그 웃음과 온기로 오늘을 다시 산다. (2025)

정면으로 바라보다

　알고는 있었지만 결코 누구도 말하지 않았던 내 허점이 마침내 드러났을 때, 나는 급소를 찔린 사람처럼 한 발짝도 움직일 수 없었다. 하지만 나를 가장 위태롭게 만드는 것은, 누구나 알고 있는 그 허점이 기어이 드러나지 않은 채로 삶이 끝나버리는 것이다.
　책의 후기가 궁금해 밤낮으로 리뷰를 찾아 읽던 시절이 있었다. 무명의 작가에게는 독자분들의 정성이 담긴 리뷰만큼 분에 넘치는 커다란 응원도 없었다. 그럴 때면 별것 없는 글이지만 그래도 계속 써도 괜찮다고 승낙받은 듯해서 감정이 부풀어 올랐다. 리뷰를 쓴다는 건 분명 수고로운 일인데, 더군다나 아무런 대가나 요청 없이도 감상과 응원의 리뷰를 남기는 독자분들의 존재는 그 자체로 단단한 버팀목이었다.

　출간한 책이 많아지면서 자연스레 출판 시장의 상황에도 관심을 기울였다. 출판사에서 홍보의 일환으로 서평단을 모집해 도서 증정과 함께 리뷰를 요청한다는 사실도 처음 알았다. 그렇다고 요청된 리뷰는 전부 거짓이라며 세상 물정 모르는 아이처럼 인상을 찌푸릴 만한 나이도 아니었고, 오히려 여력이 된다면 배워야만 하는 홍보 수단 중 하나라고 믿었다.

물론 여전히 가장 중요한 건 작가와 원고이겠지만, 그 또한 자본의 논리와 규모의 경제를 매끄럽게 품을 때 최대치의 선순환을 일으킨다. 언젠가부터 나도 서평단이 남긴 리뷰를 읽는 입장이 되었다. 서평단이라는 말이 품고 있는 전문성처럼 리뷰 또한 체계적이고 기술적이었다. 한 마디로 흠잡을 수 없는 리뷰의 형식을 갖추고 있었다.

하지만 나는 그토록 탁월한 리뷰들에서 왠지 모를 이질감을 느꼈다. 분명 본문의 내용을 완벽하게 꿰뚫은 리뷰들이었지만, 어쩐지 내 책에 대한 리뷰가 아닌 것 같았다. 값비싼 옷을 선물 받아도 내 몸에 맞지 않으면 무용지물이 되는 것처럼 한 번도 입지 않을 근사한 옷들이 옷장을 가득 채운 느낌이었다.

그렇게 서서히 리뷰를 외면하며 세월을 보냈다. 어쩌면 그 태도가 화근이 되었던 걸까. 온라인 서점을 구경하다가 모처럼 내 책의 리뷰 몇 개를 읽게 된 날, 그중에는 별점 하나로 시작하는 짧지 않은 리뷰도 있었다.

철저한 비판과 분석으로 일관했을 뿐 비난조로 작성된 글은 아니었는데, 오히려 그래서 더욱 날카롭고 정확하게 내 가슴을 뚫고 들어왔다. 그 리뷰는 오래전부터 글을 쓸 때마다 나를 좀먹던 고민과 시도가 완전히 실패했음을 말하고 있었다. 글쓰기를 좋아하는 사람이라면 누구나 자신의 글이 최소한 이렇게는 읽히지 않길 바라는 마음이 있을 것이다. 내게도 결코 양보할 수 없는 글쓰기의 방향이 있었지만, 그 리뷰대로라면 나는 줄곧 글의 취약점을 엉성하게 감추려고 애썼거나, 그동안 운 좋게 관대한 독자분들을 만났을 뿐이었다.

물론 에세이 장르의 특성상 유독 개인의 취향에 따라 전혀 다르게 읽힐 확률도 높지만, 그 리뷰는 글의 내용이 아닌 작가의 기본적인 자질에 대해 말하고 있다는 점에서 나는 한동안 망연히 모니터 화면을 바라볼 수밖에 없었다. 그동안 일부러 책 리뷰를 외면했던 내게는 과녁의 중심을 관통한 예리한 리뷰를 감당해 낼 마음의 근육이 단련되어 있지 않았다.

그렇게 누구에게도 들키고 싶지 않았던 취약한 부분에 화살이 명중했다. 하지만 분명 내가 일부러 피해 온 리뷰들 중에도 비슷한 문제를 비판하는 글들도 많았을 것이다. 가볍게 외면하거나 방치할 만한 비판이 아니라는 걸 누구보다 나 자신이 잘 알고 있었다.

언젠가부터 나의 글쓰기는 성장과 발전을 포기한 채 남은 세월을 무탈히 보내기만 하면 된다는 듯 정체되어 있었다. 그럼에도 최소한의 판매와, 독자분들의 너그러운 응원에 안심한 채 익숙한 방식 뒤에 숨었던 걸까. 막연히 더 많은 사람에게 읽히길 바라며 성실함 하나에만 기댄 채 비슷한 글만 강박적으로 양산하면서. 주로 일상의 작은 글을 쓰는 나는 삶에 큰 변화가 찾아온다거나 허구를 창조하지 않는 이상 결국 순서만 다를 뿐 비슷한 말들을 풀어낸 것에 불과했다.

출간한 책의 권수로만 만족하려는 게 아니라면, 지금의 나는 속도를 늦추고 새로운 의미를 발견해야만 한다. 애초부터 무작정 자기만족으로만 글을 쓴다는 태도는 지나치게 무책임했던 것이다. 어떤 마음으로, 어떤 글을 쓰고 싶은지, 어떻게 읽히고 싶은지, 지금은 그때와 무엇이 다른지, 마침내 글을 통해 무슨 이야기를 전달하고 싶은지, 이제 더는 회피하지 않고 끈질기게 파고들어야만 한다. 때로는 고통을 동반하는 누군가의 객관적인 비판을 정면으로 받아들여야 내 빈약한 글쓰기도 조금씩 성장의 길로 들어설 테니까.

나의 색깔을 잃지 않으려는 의지가, 자칫 다른 색깔을 모두 외면한 채 스스로 낡아 변색되는 비극을 초래하지 않기를 바라며. (2021)

흘러가는 그대로

우리가 만나면 유독 비가 자주 내렸다. 그래서 분명 둘 중 하나가 비를 몰고 다니는 사람일 거라고 믿었다. 그 믿음이 희미해질 무렵 네가 다시 나타났다. 그것도 하필이면 내가 전경으로 복무하던 경찰서로 찾아와 환하게 웃으며 손을 흔들고 있었다. 먼 나라로 떠났던 네가 나를 불쑥 만나러 온다는 건 상상도 못한 일이었다. 게다가 까까머리에 허름한 복장으로는 네가 아닌 누구와도 마주치고 싶지 않았는데. 너는 당황한 내 모습을 빤히 바라보며 말했다. 가족 행사가 있어서 잠시 귀국했고 이틀 뒤에 다시 돌아간다고. 역시 완전히 돌아온 건 아니구나. 그렇게 얼떨결에 외출증을 받아 너와 함께 목적지도 없이 지하철을 탔다.

서촌의 경찰서에서 복무하고 있었지만 갑자기 경찰서로 찾아온 사람과는 어디에 가야 하는지 알 수 없었다. 뙤약볕이 내리쬐는 여름이라 걷기 좋은 날씨도 아니었고. 문득 삼청동에 가면 구경거리가 많다는 말을 꺼냈더니 너는 가만히 고개를 끄덕이며 미소 지었다.

지하철을 갈아타고 출구로 나가려는데 이상하게 습한 기운이 피부를 감쌌다. 오늘따라 날이 습하다고 생각하며 계단에 올라서는데 아니나 다를까 멀리서부터 익숙한 빗소리가 들렸다. 비 소식도 없었는데 갑자기 비가 내리다니. 적지 않은 비에 거리의 사람들은 발걸음을 재촉하기 시작했고, 우리는 동시에 서로를 바라보며 의심의 눈초리를 보냈다.

오늘도 네가 비를 몰고 왔구나. 우리가 만날 때마다 비가 내린 건 역시나 너 때문이었어.

지하철역 앞에서 커다란 우산을 하나 사서 나란히 걸었다. 언제나 이렇게 한 우산 속에서 익숙하게 걷던 우리였다. 그때는 너의 어깨를 꼭 감싸줬던 것 같은데 이제는 서로 몸이 너무 가까워질까 봐 조심하며 걸었다. 하지만 우산은 본래 서로의 간격을 좁히도록 만들어진 물건이 아니던가. 우리는 자꾸만 밀착되었고 그때마다 서로의 눈빛을 바라보며 싱겁게 웃었다. 작지 않은 우산이었지만 우리를 빗물로부터 완벽하게 보호해 줄 만큼의 크기는 아니었다.

예전처럼 나의 한쪽 어깨는 젖기 시작했고 너는 계속해서 우산을 내 쪽으로 밀어줬다. 나는 찰나의 빗물

속 우리의 관계를 예전과 혼동하지 않으려 애썼다. 어차피 우리는 더는 예전의 우리가 아니었고, 너는 오늘이 지나면 다시 기약 없는 먼 곳으로 떠날 사람이었다.

삼청동에는 아기자기한 가게들이 많았다. 한 공방에 들어가 액세서리를 구경하던 너의 눈이 한곳에 오래도록 머물고 있었다. 작은 돌고래 모양의 목걸이였다. 왜 그랬는지 모르겠지만 나는 선뜻 그 목걸이를 두 개 사서 하나는 너에게 선물했고 나머지 하나는 내가 간직했다. 우리는 충분히 그런 것에 의미를 둘 만한 이십 대 초반이었다. 빗속을 걸으며 조금 어색해진 분위기에 미뤄둔 서로의 안부를 묻기 시작했다. 그러다 지금 네가 만나고 있다는 연인의 이야기가 나왔을 때, 마침내 과거로 끌려가던 나의 마음이 가까스로 멈춰 섰다. 그렇구나. 좋은 사람을 만나고 있구나. 그래도 외국에서 외롭지 않아서 다행이네. 그것으로 충분하다고 생각했다.

어느새 경찰서로 복귀할 시간이 다가오고 있었다. 너무 짧은 외출 시간을 원망하다가도 길어봤자 부질없다고 단념하며 카페를 나섰다. 우산 속 우리는 또다시 밀착되었지만 예정된 긴 작별 앞에서 한없이 멀게만 느껴졌다. 나란히 목에 걸린 돌고래 목걸이들만이 유일하게 우리의 지난 시절을 짐작하게 만들 뿐이었다.

우연히 만나서 모든 게 서툴던 한 시절을 함께 보낸 우리의 관계를 이제 무엇이라 불러야 할까. 영원할 듯했던 사랑의 시절이 끝나면 사랑은 무수한 순간으로 조각난 채 본래의 이름을 잃는다. 이름 없는 사랑의 얼룩 속 우리에게 남겨진 건 텅 빈 상자 같은 공허한 시간의 흐름뿐일까. 그래도 기억의 흔적이 투명한 실처럼 우리를 연결한 덕분에 오늘의 짧았던 만남도 가능했을 테지.

빗물이 뚝뚝 떨어지는 우산을 접고 지하철역의 계단을 내려갔다. 머지않아 지하철이 도착했고 너는 어떻게 작별해야 할지 몰라 망설이는 나를 힘껏 안아주더니 웃으며 뒷모습이 되었다. 지하철 문이 닫히기 전에 나도 애써 몸을 돌려 반대로 걸었다. 이상하게 마음 한구석이 선로에 뭔가를 놓고 온 것처럼 허전했다. 하지만 잃어버릴 건 애초부터 없었다.

오늘은 오랜만에 너를 만났고, 하필이면 오늘도 어김없이 비가 내렸다. 과거의 추억 속 장면들과, 복귀를 알리는 시계 알람 소리가 번갈아 내 마음을 뒤흔들고 있었다.

빗속의 몽상가를 가만히 두면 결코 과거에서 스스로 헤어 나오지 못한다. 그럴 때는 현실 속 의무와 책임이 유일한 밧줄이 되어 과거의 늪에 빠진 사람을 제자리로 돌려놓는다.

어느새 20년의 세월이 흘렀다. 지금의 우리는 어떤 모습이든 전혀 어색하지 않을 나이가 되었다. 모든 행복과 불행이 우리를 선택할 이유도, 그렇다고 비껴갈 이유도 없을 테니까.

돌고래 목걸이는 여전히 서랍 한구석에 있지만 아주 오래전에 본래의 색을 잃고 까맣게 변색되었다. 다행히 색을 복원하는 약품을 사용하면 그때의 모습으로 되돌릴 수 있다고 한다. 그러나 구태여 그럴 필요가 있을까. 복원하는 일은 어쩐지 지난 세월을 역행하려는 안간힘처럼 느껴진다.

예전과는 달리 이제는 흘러가는 그대로가 마음에 든다. 변하면 변한대로가 편하다. 우리의 시간들도 그렇게 영원히 어딘가로 흘러가길 바란다. (2021)

맨 처음의 마음으로

　블로그 카테고리 이름을 '새벽 일기'로 변경했다. 주로 새벽에 쓴 글들로 채워질 듯한 이름이지만, 실은 언제부턴가 더는 새벽에 글을 쓰지 않는다. 그렇다면 어째서 새벽 일기일까. 아마도 온 새벽을 나만을 위해 몰입했던 지난날이 그리웠던 탓이겠지.

　늦은 밤 기숙사의 낡은 책상에서 글을 쓰다 문득 창밖을 바라보면, 멀리서 아침이 낮은 포복으로 기어 오던 나의 대학 시절. 불 꺼진 고요한 방안에는 책상과, 노트북, 나, 그리고 우리를 희미하게 비추는 작은 조명이 전부였다.

　몰입을 방해하는 느닷없는 알람도, 자극적인 콘텐츠의 무분별한 노출도, 일상을 잠식하는 알고리즘 광고도 없던 때였으니, 그때의 새벽은 내게 순도 100퍼센트를 보장해 주는 투명한 창작의 시간이었다. 그 많은 새벽을 온통 쏟았던 곳은 다름 아닌 블로그였다. 설원처럼 새하얀 화면에 연달아 발자국을 찍듯 사진도 여백도 없이 오직 글로만 목록을 쌓아갔다. 새겨진 발자국을 다시 눈으로 소복이 덮어두기도 하고, 막무가내로 발길질하여 눈밭의 풍경을 헤집어 놓기도 했다. 걸음의 방향도 목적도 없지만, 단지 눈을 밟는 촉감과 남겨진 흔적이 좋아서 매일 새벽 눈밭을 뛰놀았다.

지금은 값을 충분히 지불해야 얻을 수 있는 고독과 고립의 환경이 그 시절 내내 이어졌다. 학교와 기숙사를 둘러싼 넓은 산이 외부와 단절된 따분한 학생들을 서둘러 집으로 돌려보냈고, 주말의 기숙사는 혼자가 되고 싶었던 학생들과, 갈 곳이 마땅치 않았던 지방에서 상경한 학생들만 머물렀다. 적막한 밤과 주말의 캠퍼스는 내게 큰 해방감을 안겨줬고, 그 벅차오른 감정을 사람들과 어울리는 일보다는 혼자만의 글쓰기에 할애했다.

졸업반이 되고 기숙사를 떠난 후로는 줄곧 번잡한 도심에 살았다. 산 대신 건물과 사람에 둘러싸인 환경은 어쩐지 현관을 열고 살아가는 기분이었다. 새벽의 몰입이 절실할 때마다 한적한 곳으로 여행을 떠났지만, 어쩐지 그 시절의 단단한 몰입을 경험하진 못했다. 새벽의 시간과 고요한 환경은 변함없었는데, 아마도 열망이 전부였던 마음에 미래의 불안과 걱정이 섞인 탓이었을까. 새벽이 어느새 내 삶에서 멀어지고 있었다.

하지만 삶의 모습이 변해도 책상 앞은 여전히 새하얀 설원이다. 언제든 내가 걸음만 내디디면 다시 눈밭에 발자국을 남길 수 있다. 비록 몸은 그때로 돌아갈 수 없지만, 마음만은 내 글쓰기의 시작이었던 그때로 돌아갈 수 있다.

그 마음으로 새벽 일기를 쓴다.
맨 처음의 마음으로, 고독하지만 자유롭게. (2025)

바깥으로 넘어지기

사람들은 줄곧 말했다. 당신은 모든 일을 스스로 알아서 잘하잖아요. 그래서 도움의 손길이 필요하다고 생각하지 못했어요. 어째서 힘들다고 먼저 말을 꺼내지 않았나요. 심지어 가족도 마찬가지였다. 어릴 적부터 스님이 그랬어. 너는 가만히 둬도 알아서 제 살길 찾아가는 사주팔자래. 그래서 우리도 크게 걱정하지 않는단다.

하지만 나는 그런 사람이 아니었다. 오히려 혼자서는 아무것도 제대로 하지 못하는 사람에 가까웠는데, 사람들은 넘어진 내 곁을 무심히 지나쳤다. 아무리 바라봐도 내가 괜찮은 것 같았나. 물론 나 또한 먼저 도움의 손길을 내밀지 못한 채 멀어지는 그들의 뒷모습을 바라보기만 했다. 애써 아무렇지 않은 척하면서.

오늘은 내가 먼저 말을 꺼내 볼까. 멀어지기 전에 먼저 손을 흔들어 볼까. 거절당하면 어떡하지. 너무 큰 부담이 될 수도 있잖아. 망설이고 또 망설이는 사이 모두가 멀어졌다. 아마도 내가 마음 안으로만 넘어진 탓이었을까. 그래서 그들의 눈에 띄지 않았던 걸까. 나는 늘 밖으로 넘어지는 사람인 줄 알았는데.

마음 안으로 넘어지는 사람은 홀로 우물에 빠진 것처럼 아무리 외쳐도 바깥에 닿지 못한다. 목소리는 우물을 넘지 못하고 찰랑대며 다시 흘러내린다. 내 안에서만 크게 공명하는 목소리도 있구나. 어쩌면 나 스스로 밖으로 뻗어 나가는 목소리의 발목을 잡았거나, 일부러 안에서만 공명하도록 목소리의 반경을 좁혀둔 것일지도.

그러나 여전히 마음 밖으로 넘어지는 일은 익숙하지 않다. 나는 뱉어내기보다는 삼켜내는 방식으로 살아온 사람이라서. 바깥의 나는 겉으로 미소 짓고 있을 뿐 아무런 말이 없다. 너무 많은 감정을 삼켜내다 마음이 터져버려도 누구도 알아채지 못할 만큼. 웃고 있어도 마음은 우물이 다 채워질 때까지 계속해서 흘러내리는데.

이럴 거면 처음부터 밖으로만 넘어질 걸 그랬다. 아무것도 삼켜내지 않고 그대로 뱉어버릴 걸 그랬다. 얌전히 넘어지지 말고, 애초에 아스팔트 바닥에 머리가 깨져 피를 흘리고 있었다면 누구든 달려오지 않았을까. 그랬더라면 나도 못 이긴 척 부축을 받으며 일어섰을 텐데. 안으로 말갛게 미소 지으면서.

나는 먼저 말을 꺼내야 했구나. 내가 지금 괜찮아 보이지만 실은 마음이 엉망이라고. 그러니 우물 안으로 길게 손 내밀어 줄 수 있느냐고. 그렇게 속마음을 드러내야 했구나. 뒤늦게 갑자기 변할 용기는 없지만, 사람에 관한 욕심은 여전히 남아있다. 혼자도 좋지만 가끔은 혼자가 아닌 삶 속의 풍경도 궁금해서.

우물 속에서 동그란 하늘을 올려다본다. 작은 구름이 환하고 푸른 빛을 따라 흘러간다. 혼자서도 잘하는 척했지만 실은 혼자여서 스스로 잘할 수밖에 없었다. 아니면 모두 나의 부질없는 자존심과 부족한 용기의 문제였을지도. 물론 누구도 자신을 명확히 설명할 수는 없을 것이다. 사람은 그렇게 단순하게 구성되지 않았을 테니까.

아무튼 이제 우물 안은 지겨우니 바깥으로 나가야겠다. (2023)

2부

창밖의 풍경

산책의 기운

　한낮의 산책을 즐긴다. 푸른 것을 보고 밝은 곳으로 걷는다. 건강과 정신을 위해 억지로 시작했던 행위가 이제는 어느덧 습관으로 자리 잡았다. 나의 몸과 마음이 한낮의 산책을 낯설지만 흥미롭게 받아들이는 걸까.
　숲이 우거진 산책로를 걷다 보면 어느새 심장이 빠르게 뛰고 햇빛을 받은 몸에 적당한 땀이 흐르기 시작한다. 일상의 업무에 굳어진 몸의 세포들이 서서히 깨어나는 느낌. 공기가 맑은 날이면 숨을 최대한 천천히 들이내쉬며 몸속의 탁한 공기를 정화하는 나만의 의식을 가진다. 고작 호흡 몇 번에 실제로 몸속이 정화될 리는 없겠지만, 숨을 깊게 들이마셨을 때 온몸이 시원한 공기로 가득 찬 그 깨끗한 충만함이 나를 자꾸만 산책에 빠져들게 한다.

　산책할 때는 이어폰조차 착용하지 않는다. 이 순간만큼은 어떤 것에도 방해받고 싶지 않다는 거창한 포부는 아니었고, 산책을 몸에 익힌 순간부터 그랬던 것은 더욱 아니다. 그때는 오히려 산책하는 시간마저도 생산적으로 써야 한다는 강박으로 이어폰 없이는 절대 산책을 나서지 않았다. 경제 관련 유튜브 채널 몇 개를 반복해서 듣는 것뿐이었는데, 어쩌면 그때는 그런 강박이 나를 생산적인 사람으로 만든다는 착각 속에 빠져 있었는지도 모른다.

마침내 이어폰을 내려놓은 이유는 단지 생각보다 내가 멀티태스킹이 불가능한 사람이었기 때문이다. 숲을 바라보며 방송 청취에 집중할 수 없었고, 방송에 집중하며 걷는 숲은 더는 산책이 아니었다. 방송과 음악에 집중해도 어차피 몸은 움직이고 있으니 애초에 운동을 목적으로 한 산책이었다면 나는 분명 만족했을 것이다. 하지만 산책을 운동 목적이 아닌 산책 그 자체로의 사유와 배회로 삼은 순간부터 이어폰은 더는 생산이 아닌 방해가 되었다. 이 작은 포기가 일상의 큰 변화가 되었는데, 집착과 강박의 상징을 내려놓는 일이 얼마나 어렵고 대견한 용기인지 누구보다 스스로 잘 알고 있던 탓이었다.

나뭇잎처럼 가볍지만 돌멩이처럼 무겁기도 했던 이어폰을 빼내니 그제야 산책의 풍경이 제대로 보였다. 산책하는 사람들, 운동하는 학생들, 바둑 두는 어르신들, 요구르트 아주머니, 주인과 산책하는 강아지들, 빛과 나뭇잎의 찬란한 변화들. 허상이 아닌 실제로 산책로에 펼쳐진 것들을 직접 보고 듣는 행위에서 찾아온 작은 변화들로 늘 나밖에 없던 세상에 느슨한 공동체라는 연결점이 형성되기 시작했다. 이렇게 말하면 수도원에서 탈출한 사람의 사회 적응기 같기도 하지만 그렇다고 완전히 틀린 말도 아니다.

 사람은 누구나 자신을 고립된 마음의 수도원에 가둘 수 있으니까. 물론 그 수도원의 철문 또한 언제나 열 수 있는데, 문제는 너무도 쉽게 그 문의 존재를 잊는다는 것. 그래서 나중에는 탈출하고 싶어도 출구를 찾지 못해 영원히 그곳에 갇힌다는 것. 중요한 건 문의 존재를 잊기 전에 스스로 문을 더듬으며 열어보는 연습이다. 실패할지라도 문 주위를 서성이는 망설임이고, 문 너머를 상상해 보는 미련이자 희망이다.

 어쩌면 나는 지금 너무 오랫동안 잊고 있던 문의 존재를 되찾아 온몸으로 힘껏 밀어 보는 중이다. 그렇다면 산책로는 마음의 수도원을 벗어나 공동체가 있는 세상으로 연결된 미로인 셈일지도. 미로의 도처에 낯설지만 반가운 사람들이 하루의 일부를 할애해 같은 길을 걷고 있다. 나 또한 그들의 뒷모습과 옆모습을 바라보며 묵묵히 걷는다. 속도는 상관없이 오직 내 보폭을 유지하며 내 마음 내키는 대로. 그렇게 걷다 보면 어쩐지 그들과 속도는 달라도 함께 걷는 듯한 느낌을 받는다. 잘 알지는 못해도, 그렇다고 완전히 모른다고 말할 수도 없는 그들이다.

산책에서 시작되었고, 산책에서 비롯된 이 모든 기운을 내 몸과 마음이 오래도록 기억해 주기를 바란다. 소진된 내 안에 감도는 푸르고 밝은 이 기운을. (2024)

가벼운 마음

　캐리어를 끌고 공항으로 출퇴근하는 대신 백팩을 메고 책방을 오가는 날들.

　퇴사 후 양손이 자유로워진 만큼 이제는 어디든 내가 원하는 곳으로 향하다 보니 마음도 한결 자유롭다. 예전에는 날마다 항공기를 타고 해외를 방랑하면서도, 내가 어디로부터 어딘가로 떠나는지조차 모를 때가 많았다. 아마도 몸은 이동하고 있어도 마음은 여전히 한곳에 정박해 있었기 때문일지도.
　매일 다른 시차, 매일 다른 도시, 매일 다른 사람. 누군가에게는 기대와 설렘이 가득한 일상이, 아쉽게도 내게는 모두 불안하고 고독한 이방인의 생활에 지나지 않았다. 해외의 어디에 있든 다른 곳을 그리워하고, 다른 삶의 모습을 상상하며 시절을 보내느라, 정작 현실 속 대부분의 시간을 함께 보낸 동료들과 좀처럼 어울리지 못했다.

그러한 평범한 날들이 있었다. 하지만 지금은 몸과 마음이 한곳에 있다. 내가 원하는 어디로부터 어딘가로 자유롭게 떠난다. 매일 같은 시간, 매일 같은 장소, 매일 같은 사람. 출발도 도착도 이제 모두 분명하게 일치한다. 누군가에게는 따분하고 답답할 똑같은 일상이 내게는 안정과 평온으로 자리 잡았다.

생활의 반경이 무한하고 불규칙한 비행 근무에서, 반경은 비좁아도 규칙적인 창작자의 삶으로 전환된 까닭인지, 유독 그 변화의 진폭이 크게 와 닿는다.

당신은 그래서 예전보다 행복에 가까워졌나요.

누군가 이렇게 묻는다면 나는 어떻게 대답할까. 인생을 한 조각씩 소분하여 저울에 올리면, 과거로 기울거나 여전히 기울길 망설일 때도 있다. 하지만 삶 전체를 저울에 올리면, 그때는 아무런 머뭇거림 없이 현재와 미래로 기운다. 과거의 기억과 추억조차 내가 더는 주저 하지 않길 기도하는 것처럼. 커다란 캐리어에 담겨있던 수많은 불안과 고민을 홀연히 비워내고, 이제는 작은 백팩에 무수한 용기와 응원을 가득 채운 채 현재를 걷는다.

내게 캐리어가 근사하지만 버거운 짐이었다면, 백팩은 소박하지만 홀가분한 동행이다.

어쩌면 자신의 의지와 타인의 시선과는 상관없이 각자에게 어울리는 옷은 애초부터 정해져 있는지도 모르겠다. 늘 마음 편한 게 최고라던 나를 사랑하던 어른의 말을 기억하며, 무엇보다 나 자신을 믿고 원하는 삶을 향해 나아가야겠다.

날마다 방랑하던 이방인의 삶이 끝났다. (2024)

낯선 도시의 선물

차를 타고 낯선 도시의 골목을 벗어나려던 순간, 작은 카페의 창가에서 나란히 책을 읽는 앳된 연인의 모습이 눈에 들어왔다. 정오의 햇살을 가득 받으며 서로의 어깨에 몸을 기댄 채 책에 몰입한 그 모습이 예뻐서 기억에 담아두고 싶었다. 책을 읽는 사람들은 여전히 아름답구나. 운전 중이 아니었다면 골목에 멈춰 선 채 그들을 조금 더 바라보고 싶었지만, 다른 차들이 연달아 뒤를 따라오는 바람에 차마 그럴 수는 없었다.

그런데 그 찰나의 순간에 눈길을 사로잡은 장면이 있었다. 그들이 읽고 있는 책의 표지가 언뜻 봐도 무척 낯익은 모습이었다. 운전석 창문에 최대한 어깨를 밀착한 채 두 눈을 가늘게 뜨고 초점을 모았다. 거리가 멀어서 자세히 보이진 않았지만 어쩐지 내 책과 비슷한 생김새였다. 그러나 워낙 비슷한 형태와 색감의 책들이 많기도 하고, 내 책이 가장 적게 입고된 도시이기도 해서 그럴 리는 없다고 믿은 채 골목을 벗어났다.

사람 마음은 쉽게 흔들리고 동요된다. 더군다나 내심 바라던 상황과 엇비슷한 장면을 목격하면 착시가 발생하기도 하고 애써 연결 고리를 끼워 맞추기도 한다. 그들이 읽던 책이 어쩌면 진짜 내 책은 아니었을까. 그래도 좋아하는 화가 선생님의 그림으로 만든 표지라서 잘못 본 건 아니었을 텐데. 궁금한 마음이 결국 운전대를 돌렸다. 비좁은 골목에 다시 진입해 천천히 카페로 다가갔다. 그들이 아직도 카페에 있을까. 혹시나 하는 마음은 사람을 이토록 설레게 했구나.

다시 카페 앞에 정차했을 때, 운전석 너머로 분명히 보았다. 설마 했지만 그들이 나란히 읽고 있던 책은 다름 아닌 내 책들 중 하나인 『사랑의 장면들』이었다. 고요한 겨울 바다가 표지를 뒤덮고 있었고, 창가의 햇빛을 받은 제목이 붉게 반짝이고 있었다. 눈앞의 앳된 연인들의 손에서 내 작은 책의 페이지가 한 장씩 넘겨지고 있다니. 글을 쓰는 사람에게 가장 반갑고 감동적인 일이 있다면 바로 그런 장면을 우연히 목격하는 순간이 아닐까.

그 순간은 낯선 도시가 여행자에게 불쑥 건넨 선물 같았다. 그동안 누가 알아주지 않아도 차곡차곡 쓰고 만든 나의 책들이 세상 어딘가에서는 실제로 읽히고 있었구나. 물론 책 판매 데이터를 확인하면 재고 수량의 변화를 실시간으로 알 수 있지만, 그건 어디까지나 숫자에 불과할 따름이니까. 늘 보상도 없는 성실함을 원망하던 내게 누군가 우연을 핑계 삼아 불안한 내 마음을 몰래 달래주려던 걸까.

작고 우연한 일에 억지로 지나친 의미를 부여하고 싶진 않다. 그러나 뜻하는 결과를 확인하려면 유독 오랜 시간이 필요한 창작자의 삶은, 결국 그런 사소한 우연들의 총합으로 묵묵히 이어진다. 직접 내 눈으로 목격하지 않으면 믿지 못하고, 믿지 못하면 섣불리 재능과 열정이 부족한 나를 다시 자책의 웅덩이로 밀어 넣게 될 테니까.

그렇다면 사소한 일에 큰 의미를 부여하는 일이 꼭 부질없는 감상인 것만 아니겠다. 오히려 그것만큼 사람을 확실하게 일깨워주는 일도 없을 테니까.

창가의 연인들은 여전히 책을 읽고 있었다. 나는 그들을 뒤로한 채 홀가분한 마음으로 골목을 빠져나왔다. 그들이 책을 읽으며 어떤 생각을 했을지 나로서는 영원히 알 수 없을 테지만, 그들 또한 어느 맑은 여름날의 내가 우연히 자신들의 평범한 일상을 목격하고 다시 일어설 용기를 얻었다는 건 모르겠지.

어쩌면 그게 가장 아름답고 공평한 일이 아닐까. 다만 이제 낯선 이 도시를 생각하면 자연스레 그들의 모습이 떠오를 것만 같다. (2024)

오래된 낭만

그날 우리는 모종삽을 들고 아파트 놀이터에 모였다. 대장은 두리번거리다 미끄럼틀 아래에 자리를 잡고 땅을 파기 시작했다. 땀방울이 동그란 볼살을 타고 턱끝에 맺힐 때쯤 대장이 외투 주머니에서 까만 비닐봉지에 담긴 작은 물체를 꺼냈다. 달걀을 쥐듯 조심스레 감싸고 있었는데 아마 대장의 손보다 조금 작은 크기였을까. 비닐봉지에서 작은 구덩이 속으로 흘러내린 건 죽은 햄스터였다. 대장은 얼어붙은 표정으로 햄스터의 자세를 고쳐잡았고, 우리는 주위에서 엄숙하게 고개를 숙였다. 이제 구덩이에 흙을 덮을 차례였는데.

갑자기 대장이 무리를 이탈해 쓰레기 더미를 뒤적이기 시작했고, 마침내 발견한 그것은 다름 아닌 우유갑이었다. 대장은 차가운 땅에 누워있는 죽은 햄스터를 우유갑 속으로 밀어 넣더니 다시 천천히 구덩이 한가운데 상자를 내렸다.

그제야 흡족하다는 듯 우리를 바라보며 고개를 끄덕였고, 이윽고 우리는 차례로 모종삽으로 흙을 퍼서 구덩이를 덮었다. 무덤이 볼록하게 솟아오르자 나뭇가지로 십자가를 만들어두는 것도 잊지 않았고. 경건한 마음으로 일동 묵념을 하려던 찰나 우리는 하나둘씩 엄마들의 손에 붙들려 저녁을 먹으러 가야 했다.

다음날 학교 가는 길에 우산도 없이 소나기를 만났다. 모두가 학교 정문을 향해 전속력으로 뛰어갈 때 이상하게도 반대로 뛰어가는 아이가 있었고, 그건 바로 우리의 대장이었다. 얼마나 다급한 상황이길래 가방 속 철제 필통이 저렇게 달그락거리며 울어대는 걸까. 혹시 다른 학교 애들이 비 내리는 등교 시간을 틈타 우리 구역에 침입한 건 아닐까. 대장을 혼자 둘 수 없던 우리도 서둘러 방향을 꺾어 필통의 울음소리를 추격했다.

그런데 대장을 찾아낸 곳은 다름 아닌 놀이터였고, 정확히는 미끄럼틀 아래였다. 햄스터 무덤은 어제저녁과 다름없었는데 대장은 숨을 헐떡이며 나뭇가지로 빗길을 만들기 시작했다. 우리도 급하게 달려들어 대장을 도왔다. 빗물이 무덤으로 흘러들지 않게 동그랗게 빗길을 만들고 옆으로 쓰러진 십자가 나뭇가지를 다시 무덤 위로 올려세웠다. 일이 마무리되자 대장은 평소처럼 아끼는 막대사탕 하나를 입에 물고는 가만히 기도하듯 무덤을 바라봤다.

아무도 모르게 무덤 구조 작업을 끝냈다는 안심도 잠시뿐, 어느새 아파트 경비 아저씨가 엄마들과 함께 놀이터로 달려왔다. 등굣길의 일탈을 감추기엔 아파트 주민들 모두가 아침마다 베란다 밖으로 우리를 바라보고 있었다. 그렇게 우리는 도망칠 틈도 없이 다시 엄마들 손에 붙들려 끌려 나갔지만, 우리의 대장은 역시 달랐다. 대장은 엄마에게 엉덩이를 맞으면서도 여유롭게 막대사탕을 물고 햄스터 무덤 곁을 지키고 있었다. 사탕이 입속에서 전부 녹을 때까지는 결코 그 자리를 떠나지 않을 것처럼.

잠시 뒤 우리가 먼저 끌려온 교실 뒤편에서 벌을 받고 있을 때쯤, 대장은 그제야 뒷문을 열고 천천히 우리에게 걸어왔다. 온몸이 젖어 머리카락에서 빗물이 뚝뚝 떨어지는 줄도 모르고, 도시락 반찬에 빗물이 스며들어 가방이 빨갛게 물든 줄도 모르고, 대장은 우리 옆에 나란히 서서 두 팔을 들고 웃으며 벌을 섰다.

혼나면서도 즐겁기만 했던 건 모두 그 시절 지각보다 중요한 게 참 많았던 우리의 듬직한 대장 덕분이었다. (2021)

방파 장치

　　　회사가 빠져나간 일상의 빈자리를 최소한의 다른 의무와 책임으로 채운다. 먼 길을 우회하여 글을 기반으로 살아가는 삶으로 돌아왔지만, 좋아하는 것들로만 가득한 혼자만의 일상에도 새로운 중심과 균형, 그리고 사회와의 연결점은 필요하다. 그것은 엄습하는 불안과 고독을 대비하는 일종의 방파제 같은 장치이기도 한데, 미리 마련해 두지 않으면 언젠가 자신의 일이 계획과 예상의 범주를 크게 벗어나는 순간 무방비로 파도에 휩쓸릴지도 모른다.

　　지난해부터 꾸준히 글쓰기 수업을 진행하는 까닭도 비슷하다. 작년까지는 회사가 일상을 지탱해 주는 기반이자 중심이었다면 이제는 글쓰기 수업이 그 자리를 대신하여 매주 일과 휴식을 나누는 중심이 된다. 직접 움직이지 않으면 사람과 연결되기 어려운 환경이 되면서 최소한의 연결점이 필요했는데, 그 연결의 방식과 환경의 기반이 글쓰기라서 내게는 더할 나위 없는 셈이다. 수강료를 받고 사람들을 모았으니 당연히 의무와 책임이 따르고, 나는 어떻게든 도움이 될 만한 말과 마음을 보태기 위해 분투한다.

직장 생활을 하면 자연스레 사회적 관계가 형성되고, 그 관계를 지속하기 위해 최소한의 연결과 예의를 유지한다. 사회적 예의라는 건 때마다 속마음을 감추는 능력과도 같은데, 회사를 벗어난 이상 진중한 태도로 사회적 예의를 갖춰야 할 기회도 줄어든다. 그런데 그 능력은 직장과는 별개로 삶의 중요한 감각 중 하나라서 무뎌지기 시작하면 걷잡을 수 없는 속도로 퇴화하고, 누구도 쉽게 간섭하거나 조언하는 영역도 아니라서 스스로 깨닫기도 어렵다.

결국 그 감각을 지켜주는 건 특정한 환경 속의 지속적인 노출과 반복이다. 서로의 글을 읽고 나눈다는 건, 어쩌면 가장 깊은 곳의 마음이 긴밀히 연결되는 일이라서 낯선 사람과도 금세 친밀감이 생긴다. 그러나 반대의 경우도 빈번하게 발생하는데 그때마다 서로 다른 마음과 입장의 모서리를 다듬는 과정을 통해 사회적 감각을 이어간다. 물론 글쓰기 모임을 애초부터 그런 목적만을 위해 시작한 건 아니었지만, 꾸준히 이어가다 보니 새롭게 변화된 나의 환경 속 결핍이 모두 채워지고 있었다.

퇴사 후 나의 바람은 사랑하는 일을 통해 사람들과 연결된 삶을 사는 것이지, 사회적 경험과 체험을 스스로 단절한 채 글만 쓰는 고립된 삶을 사는 것은 아니었다.

그런데 우연히 나를 위해 시작했던 글쓰기 수업이 먼 데서 몰려오는 고독과 불안의 파도를 막아줄 방파제가 되어 나를 더 안전하고 따뜻하게 보호해 주고 있었다. 사람들 덕분에 안착한 작은 삶이니, 나는 다시 내가 사랑하고 가능한 일을 하며 그 느슨하지만 분명한 연결점을 오래도록 지켜내야겠다.

부끄럽지만 스스로 사랑이라는 단어를 붙인 일이라면, 조금 맹목적일지라도 무엇보다 잃지 않는 게 우선일 테니까. (2025)

단둘의 시간

나는 아날로그와 디지털 사이에 어중간하게 낀 세대의 사람이다. 아날로그 시대에 태어나 방과 후 대부분의 시간을 놀이터에서 보내거나, 친구 집에 몰려가 만화책을 돌려보면서 초등학생 시절을 보냈다.

그 시절 함께 살던 사촌이 '286 컴퓨터'에 '플로피 디스켓'을 삽입해 게임하던 모습을 무척이나 부러워했다. 중학생 때는 '모뎀'을 전화선에 연결하여 'PC 통신'과 '채팅'이라는 신문명의 바다에 뛰어들었고, '삐삐' 시대의 끄트머리에 부모님을 졸라서 삐삐를 장만한 뒤, 그것으로 채팅에서 만난 낯선 여자아이의 목소리를 들으며 가슴 설레는 날들을 보내기도 했다. 고등학생이 되자 본격적으로 해마다 전혀 다른 차원의 기술이 적용된 휴대전화가 출시되었고, 학생들의 휴대전화 소지에 관한 사회적 논쟁이 끊이지 않았다.

아날로그의 끝자락이었고 디지털의 초입이었다. 그 후로 오늘에 이르기까지 세상은 상상 속 기술을 현실로 만들며 해마다 또 다른 시대의 문을 열고 있다. '스마트폰'으로 대부분의 용무를 처리하고, '줌'으로 집에서 관심 있는 강연을 듣고, '스마트 워치'로 건강 상태를 확인하며, 잠들기 전에는 누워서 '전자책'을 쓸어 넘기며 하루를 마무리한다. 내가 해야 할 최대의 동작은 주기적인 충전과, 섬세한 손놀림과, 수시로 감탄과 적응, 그리고 싫증 사이를 순환하며 기기를 교체하는 일뿐이다.

두 시대를 모두 경험한 나는 디지털의 편리함에 완전히 적응한 채 살면서도, 때로는 그 발전의 속도가 부담스럽다. 필요 이상으로 편리해질수록 뭔가를 잃는 듯한 기분이 드는 건, 어쩌면 내가 아날로그 시대에 유년을 보냈기 때문일 것이다. 가장 간직하고 싶은 장면들과 지금의 나를 구성하는 대부분의 기억들이 그곳에 머물고 있으니까.

그 시절이 떠오를 때마다 생각나는 문구가 있다.

'잠시 꺼두셔도 좋습니다.'

한때 유명했던 통신회사 광고 메시지다. 한 남자가 스님과 함께 숲속을 산책하는 모습 위로 저 나레이션이 흘러나왔다. 휴대전화에 지나치게 몰입하는 사회에 큰 반향을 일으켰던 저 광고 문구도, 이제는 조금 무용한 말이 되었는지도 모른다. 나 혼자 잠시 꺼두면 무책임한 사람으로 몰리고 끝나겠지만, 모두가 잠시 꺼둔다면 사회 시스템 전체가 멈춰 설지도 모르니까.

지금은 잠시 꺼두려면 상대방에게 미리 양해를 구해야 한다. 수많은 사회적 연결 속에 있는 사람이 아무런 말도 없이 스마트폰을 꺼둔 채 '템플스테이'라도 다녀온다면, 아마도 애타는 실종 신고가 접수된 이후일 것이다. 만약 저 광고가 이 시대에 다시 나온다면 조금 수정될 필요가 있다.

'잠시 꺼두셔도 좋습니다. 미리 양해만 구한다면요.'

과장된 측면이 없진 않지만 그만큼 우리는 '연결'에 종속된 사람들이다. 스마트폰이 우리의 업무, 일상, 관계를 유지하는 중심이 된 지 오래되었다. 그걸 알면서도 가끔은 스마트폰이 없던 시절을 그리워한다. 지금의 모든 편리함을 내려둔 채 잠시라도 그 시절에 다녀오고 싶을 만큼. 온종일 책상에 머물렀지만 아무것도 기록하지 못한 날마다, 하루가 끝난 침대에서 그날의 장면이 아무것도 기억나지 않을 때마다 유독 그렇다.

요즘은 집중해서 글을 쓰다가도 정신을 차려보면 어느새 모니터와 스마트폰을 번갈아 배회하고 있다. 수많은 영상과 사진의 홍수 속에서 나는 배터리가 붉어질 때까지 손놀림을 멈추지 않는다. 개운한 아침은 어둑한 저녁이 되었고, 또렷한 정신도 희뿌연 안개가 되었다. 비록 글은 몇 줄도 쓰지 못했지만 모두 유익한 영상들이었는데, 어째서 머릿속에서 흔적도 없이 증발한 걸까.

　유익한 건 세상에 얼마든지 많다. 하지만 충분히 소화하지 못한다면, 그건 애초부터 내 몫이 아니었던 걸까. 귀한 음식도 무분별한 과식 끝엔 체증과 구토를 낳는 것처럼.

　스마트폰 이전의 나는 늘 단둘이었다. 책상과 단둘이, 책과 단둘이, 그리고 사람과 단둘이. 단둘의 시간은 늘 오롯했고, 하루의 끝엔 그 기억이 선명하게 머물렀다. 하루치의 적당한 활동과 하루치의 알맞은 생각이 요란한 체증을 일으키지 않고 온전히 소화되어 나만의 장면들로 남았다. 그 장면들은 시간의 흐름 속에서 살아남아 내면에 단단히 뿌리 내린 정서와, 영원히 가닿을 수 없는 기억 저편의 풍경이 되었다.

　세상은 날마다 위협적으로 신속해지고, 편리해지고, 방대해진다. 자유롭고 안정적으로 그 흐름의 속도를 따라가는 사람도 많겠지만, 나는 어쩐지 오래전부터 그 변화의 속도가 버거운 사람이다. 조금 느리고 불편해도 좋으니 인간의 수고로움이 존중받는 최소한의 영역만큼은 남겨줄 수 없을까.

책상 앞 산만함이 스마트폰 탓이라는 어설픈 합리화와는 상관없이, 그럼에도 몰입이 상대적으로 수월했던 그 시절의 아날로그가 그립다.

어쩌면 나는 이 모든 변화를 관통하고 있는 축복받은 세대일지도 모른다. 그리움도 결국 과거를 경험한 사람만의 특권일 테니까. (2021)

유일한 안식처

오랜만에 무인 빨래방에 갔다. 여름이 찾아오기 전에 쾨쾨한 냄새가 나는 겨울 이불을 정리해 두고 싶었다. 세탁과 건조까지 마치려면 대략 한 시간 정도가 걸릴 듯해서 빨래방에서 조용히 읽을 만한 책 한 권도 챙겼다.

빨래방에는 앞치마 차림의 한 중년의 아주머니가 큰 목소리로 누군가와 영상 통화를 하고 있었다. 휴대전화를 멀찍이 든 채 화면을 향해 환하게 웃음 짓고 있었고, 아주머니의 목소리와 화면 너머 사람들의 말소리가 베트남어로 가득했다. 세탁기와 건조기가 모두 비어 있는 걸 봤을 때, 아마도 주변 식당에서 일하다 잠시 빨래방에 들러 쉬고 있는 모양이었다. 나는 곧장 세탁기를 작동시키고 빈자리에 앉아 책을 펼쳤다.

그런데 아주머니의 목소리가 점점 커졌다. 대형 세탁기가 우렁차게 돌아가는 소리가 고요하게 느껴질 정도로. 나는 애서 책에 집중해 보려 했지만, 몇 문장도 읽어내지 못하고 자꾸만 책을 내려놓게 되었다.

그녀의 목소리는 일정하지 않게 이어졌다. 누군가와 다투는 듯 목소리가 높아졌다가 체념한 듯 이내 작아졌다. 관리인이 없는 가게는 모두가 무상으로 쉴 수 있는 공원 벤치 같다는 생각이 들었다. 그렇다고 아주머니에게 목소리를 조금만 낮춰 달라고 부탁하기에는 내게도 아무런 구실이 없었다. 나 또한 빨래방의 이용객일 뿐이고 불편하면 집으로 돌아가면 되는데 굳이 여기서 책을 펼친 미련한 사람일 뿐이니까.

예전에 기내에서 함께 일했던 베트남 현지 승무원이 했던 말이 떠올랐다. 베트남어는 목소리의 높낮이를 나타내는 성조가 무려 여섯 개나 된다고. 성조가 다섯 개인 중국어보다 하나가 더 많다니. 내게는 세상에서 가장 익히기 어려운 언어처럼 느껴졌다. 성조가 많을수록 이방인에게는 소란하게 들릴 수도 있구나.

결국 책을 덮은 채 곁눈질로 아주머니를 쳐다보며 잠시 생각에 잠겼다. 나도 해외 식당에서 동료들과 회식을 할 때 우리가 들뜬 기분에 얼마나 소란을 피웠는지 알면서도, 등 뒤에서 느껴지던 현지인들의 따가운 눈총을 일부러 모르는 척했었다. 아마도 소란은 언제나 타인의 것이고, 나는 늘 올곧은 중심에 있다고 믿었던 것 같다.

결국 눈치와 태도의 문제였는데. 가까운 과거만 돌아봐도 나 또한 별반 다르지 않았다. 무탈한 일상을 살다가도 수시로 내 입장만 고수하는 사람이 된다. 아차 싶었던 과거의 순간들이 넓은 광장을 메우고도 남을 만큼 빼곡하다.

하지만 세상에는 그런 사람들도 있다. 아무런 계산도 목적도 없이 상대의 입장을 진심으로 배려하고 이해하는 사려 깊은 사람들. 나는 그들이 무척 신기하고 존경스럽지만, 아쉽게도 나는 그들처럼 보드라운 성정을 갖춘 특별한 사람이 아닌 언제나 내 입장이 최우선인 보통의 사람이다. 그래서 불편한 상황에서 조금이나마 상대방을 배려하려면, 의식적으로 그 사람의 입장을 떠올려보는 수련의 시간이 필요하다.

빨래방을 울리는 그 아주머니의 낯선 언어는 어디로 향하고 있었을까. 자주 되묻고 목소리를 높여야만 들리는 걸 보면 아마도 멀리 떨어진 고국의 사람들과 나누는 대화였던 것 같다. 화상 통화에 앳된 얼굴이 비치는 걸 봐서 아마도 가족인 듯했고. 일하는 식당에서 통화할 수는 없으니 휴식 시간에 아무도 없는 고요한 무인 빨래방에 와서 통화를 시작한 찰나였을지도. 그녀의 입장에서는 가까스로 가족과 통화가 연결되었는데 갑자기 허름한 차림의 남자가 빨래방에 들어오더니 세탁기 굉음을 내고, 옆 테이블에 앉아 독서를 한답시고 한껏 자세를 잡은 모습이 얄미웠을지도 모르겠다. 물론 나도 내 생각대로 빨래방이 조용하길 바랐고, 모처럼 집중해서 책을 읽고 싶었던 것뿐이다.

    내면의 평온을 위해 일부러 짐작해 본 이야기에 불과하지만, 실제로도 각자의 입장이 존재하는 것 이외에는 아무런 문제도 없을 것이다.

    어쩌면 앞치마를 두른 그녀에게 무인 빨래방은 일상의 유일한 안식처였을지도 모른다. 생각의 꼬리를 물고 나는 아주 잠시 너그러운 마음을 품었지만, 아마도 빨래방을 나서면 금세 원래대로 돌아올 것이다.

    하지만 나도 가끔은 누군가를 위해 선심을 쓰듯 찰나의 착한 연기를 하는 게 아닌, 진심으로 나보다 상대의 세상을 먼저 헤아리는 확장된 마음을 품고 싶다. 가끔의 순간이 쌓이면 언젠가는 대체로 그런 사람이 될지도 모르니까. (2022)

백지의 마음

 새벽부터 창문이 부서질 듯 거센 비가 내렸다. 덕분에 이른 아침 늦잠의 유혹도 단번에 물리친 채 서둘러 침대에서 몸을 일으켰다. 암막 커튼 틈새를 뚫고 번개 빛이 들이쳤고, 바깥은 오전인데도 여전히 칠흑 같은 어둠이었다. 빗방울보다는 물줄기에 가까운 폭우가 창문을 타고 아래로 흘렀다. 모처럼 커다란 창문으로 바라보는 빗속의 풍경이 이렇게나 반갑고 아름답다니. 심지어 아무런 일정도 없는 오늘처럼 한가한 날에 내리는 비는 내게는 그 무엇과도 바꿀 수 없는 값진 선물이다.

 불현듯 아쉬움이 밀려왔다. 외출이 곤란해서가 아닌 조금 더 일찍 일어나지 못한 아쉬움이었다. 그랬다면 아침보다 먼저 비를 반갑게 마중했을 텐데. 마음이 다급해지기 시작했다. 이렇게 귀한 날에는 뭐라도 써야 할 듯했고, 실제로 많은 날들을 그렇게 살았으니까. 언제나 비 내리는 날이면 조금 더 감성적인 사람이 되었고, 그때마다 쓴 글들은 평소의 글들보다 조금 더 섬세한 느낌을 준다는 점이 마음에 들었다.

물론 비에 젖은 글들은 다음 날의 민망함을 피하진 못했지만, 뜰채로 불순물을 걸러내듯 글을 다시 퇴고하며 민망함을 걸러내면 나조차 감당하지 못할 사태는 막아낼 수 있었다.

한달음에 거실의 모든 암막 커튼을 걷고 책상 앞에 앉았다. 빗소리는 여전히 거셌지만 어쩐지 아까보다 빗줄기가 가늘어진 듯했다. 글쓰기를 향한 이토록 강렬한 욕망이 사그라지기 전에 서둘러 일기라도 쓰고 싶었다. 새하얀 화면에 오랫동안 익숙해진 방식으로 점을 찍었다. 얼마나 많은 점들을 찍어야 한 문장이 완성되고, 그 과정을 얼마나 많이 반복해야 한 편의 글이, 마침내 한 권의 책이 완성되는지 그 작업량이 너무도 훤해서 설렘만큼 두려움도 앞섰다. 지금까지 어떻게 그 일을 쉬지도 않고 해왔는지 스스로 신기하고 대견할 때도 있었지만, 한편으로는 다른 탁월한 작가들과 비교하며 나는 아직 걸음마도 떼지 못한 견습생에 불과하다는 연약한 마음이 백지 앞을 더욱 막막하게 만들었다.

하지만 오늘만큼은 어떻게든 이 문턱을 넘어 쉼표나 공백 대신 마침표를 찍고 싶었다. 특히나 요즘처럼 신간 출간을 핑계로 글 쓰는 일보다 사람들 앞에서 말하는 일에 전념할 때는 더욱이.

어쩌면 그건 내가 가장 멀리하고 싶었던 상황이기도 했다. 하지만 열심히 제작한 책을 직접 또 열심히 홍보하고 판매해야 하는 내게는 필수적인 과정이라 결코 투정 부리고 싶진 않았다. 다만 그런 상황이 길어질수록 새로운 글을 쓰고 싶다는 갈망 또한 극한에 다다라서 일상의 맥이 풀릴 뿐이었다. 하루를 충실히 보내도 아무것도 쓰지 못한 날에는 귀중품을 분실한 것처럼 허전한 밤을 맞이했지만, 반대로 하루를 나태하게 보내도 짤막한 메모라도 남긴 날에는 온종일 집에 머물러도 푸릇한 숲길을 산책한 것처럼 개운한 밤을 맞이했다.

무엇이라도 기록으로 남겨야 행복을 느낀다면 보통의 사람일까. 더군다나 비가 내리면 글을 써야 한다고 다급해지는 사람은 과연 평범한 인생일까.

모처럼 시원한 비가 내린다는 이유로 이른 아침부터 끼니도 거른 채 책상 앞에서 또다시 혼자만의 놀이에 전념했다. 이럴 때 가장 먼저 뇌리를 스치는 생각은 다름 아닌 나도 참 나라는 생각. 나는 여전히 별수 없이 참 나구나. 그러니 구태여 작가로 살겠다고 멀쩡히 잘 다니던 회사까지 그만둔 게 아니었을까.

돌이킬 수도 없고 돌이키고 싶지도 않다. 생각해 보면 직장과 출판을 병행하던 시절 늘 고단하다는 말을 일삼던 게 배부른 소리가 아니었고, 지금처럼 날마다 행복으로 점철된 일상을 살면서도 새로운 글을 쓰지 못해 고통스럽다는 말이 내게는 훨씬 더 배부른 소리처럼 느껴진다. 살고 싶은 삶을 사는 행운은 분명 기적에 가까울 테니까.

백지는 두렵지만 사랑스럽다. 비가 내리거나 눈이 내리는 날은 조금 덜 두렵지만, 언제나 두려운 존재인 것만은 변함없다. 그럼에도 그 두려움이 글쓰기를 사랑하는 마음마저 압도한 적은 단 한 순간도 없었다. 나는 자주 백지 앞에서 무너지지만, 그렇다고 백지를 미워하진 않는다. 오히려 사랑하는 방법을 바꿔가며 다가갈 뿐 멀어질 생각은 없다. 내가 이렇게나 뭔가를 분명하게 사랑할 수 있는 사람이었다니.

백지를 향한 나의 사랑은 얼마나 오랫동안 지속될까. 또 다투고 화해하는 날은 얼마나 자주 찾아올까. 혹여나 작별하는 날도 찾아올까. 그 과정이 모든 사랑의 숙명이라면 숙연하게 받아들여야겠지만, 다시 없을 이 맹목적인 사랑을 지키는 일 또한 나의 몫인 만큼 모든 안간힘을 동원해서라도 작별의 순간을 최대한 늦추고 싶다.

어느새 비가 잦아들기 시작했다. 일기를 조금 서두를 시간이다. 빗속의 분위기가 모두 끝나기 전에. (2024)

사랑이라 부른단다

우연히 순풍산부인과를 다시 본 그날부터, 순풍은 한동안 나의 밥 친구가 되었다. 전설의 일일 시트콤이었던 만큼 유튜브 채널에는 15분 남짓한 길이로 편집된 영상 수백 개가 존재하고, 지금도 날마다 새롭게 편집된 영상이 업로드된다.

혼자 밥 먹을 때마다 한편씩 챙겨 봤더니 이제는 안 본 영상을 찾는 게 어려워졌지만, 다시 또 봐도 들리는 대사만으로도 다음의 장면과 인물의 표정이 연상되어 늘 처음처럼 웃곤 한다.

오늘도 순풍을 틀어둔 채 설거지를 하다가 무심결에 들은 대사 한마디가 가슴에 꽂혔다. 평소라면 귀로 듣기만 하면서 하던 일을 마무리했을 텐데 이번에는 곧장 고무장갑을 벗고 가만히 화면 앞에 앉았다.

유치원생 정배와 의찬이가 집에서 산부인과 의사인 창훈과 대화를 나누는 장면이었다.

의찬이네 / 거실 / 620화

창훈 : (진지) 그래서 그 수지라는 아이만 생각하면 가슴이 답답하고 눈물이 날 거 같다는 거지?
정배 : (침울) 네 맞아요. 아저씨 저 왜 그러죠? 나쁜 병 걸린 거 맞죠?
창훈 : (미소) 글쎄다. 이 아저씨 생각에는 그렇게 나쁜 병 같지는 않은데.
정배 : (심각) 나쁜 병 맞아요. 가슴도 아프고 머리도 아프고 답답해 죽겠어요.
창훈 : (웃음) 정배야 그건 나쁜 병이 아니고 누군가를 정말 좋아하게 됐을 때 생기는 아주 자연스러운 현상이야. 어른들은 그걸 사랑이라 부른단다.
의찬 : (신기) 사랑이요? 그럼 정배가 수지를 사랑하는 거예요?
정배 : (울먹) 아니야... 몰라 난 그냥 가슴이 아파...

    다음 날 정배는 수지에게 꽃을 꺾어 선물하기도 하고, 미달이의 장난에 넘어가 수지가 자신을 좋아하게 만들어 준다는 한약을 억지로 마시기도 하고, 아이스크림을 들고 수지 집 앞에서 기다리기도 하면서 마음을 다한다. 그리고 그 영상이 끝난 후 우연히 다음 순서로 재생된 에피소드 또한 인상 깊었다.

갑작스러운 의찬이의 이사 소식을 접한 미달이가 밥 먹던 숟가락도 내려놓은 채 뛰쳐나간다. 그리고 이내 의찬이네 현관이 벌컥 열리며 미달이가 울먹거리며 뛰어 들어온다.

의찬이네 / 거실 / 328화

미달 : (눈물) 의찬아. 너 가는 거야? 너 진짜 큰아버지네로 가는 거야?
의찬 : (담담) 어...
미달 : (침통) 야 안 가면 안 돼? 그냥 우리랑 이렇게 같이 살면 안 돼?
의찬 : (천천히 고개를 젓는다)
미달 : (오열) 야 가지 마. 나 어떻게 살아. 가지 마.
의찬 : (의젓) 울지 마...
정배 : (화장실에서 나오며) 어 미달이 너 왜 울어?
미달 : (계속 오열) 의찬이 이제 우리 못 본대. 멀리멀리 이사 가서 우리 이제 못 본대.
정배 : (당황) 뭐 정말이야? (옆으로 쓰러지며 기절한다)

미달이네 / 미달이 방 / 328화

떠나는 의찬이를 위한 선물 증정식이 한창이다.

미달 : (주섬주섬) 의찬아. 이거 내가 제일 좋아하는
　　　인형이고, 이거는 내가 진짜로 제일 제일 좋아하는
　　　구슬. 그리고 이거는 내가 진짜 세상에서 제일
　　　좋아하는 머리띠야.
의찬 : (감동) 고마워. (미달이와 포옹한다)
정배 : (수줍) 의찬아. 이건 내가 최고로 좋아하는 왕딱지.
　　　그리고 이건 내가 진짜 최고로 좋아하는 로봇.
　　　난 이거 두 개야.
의찬 : (감동) 고맙다. (의찬이와 포옹한다)
미달 : 야 너 가서도 우리 잊어버리면 안 돼.
정배 : 약속해. 우리 보러 꼭 다시 오겠다고 약속해.
모두 : 약속. (세 손을 모아 약속한다)

　　분명 예전에도 몇 차례 봤던 영상들이다. 그때는 단지 아이들의 귀여운 에피소드 정도로 웃으며 넘겼는데, 오늘따라 저 대사들이 마음속 가장 깊숙한 곳을 파고들었다.
　　자신에게 처음 찾아온 낯선 감정과 증상에 당황하면서도 용기를 잃지 않는 정배의 모습에서, 그리고 떠나는 의찬이를 위해 슬퍼하면서도 가장 소중한 걸 내어주는 미달이의 모습에서, 불현듯 오래전 내가 잃어버린 내 모습을 발견했기 때문일까.

나도 사랑이 찾아오면 감정을 순순히 인정하던 아이였는데. 사랑하면 가장 아끼는 걸 선뜻 내어주던 아이였는데. 언제부턴가 사랑이 찾아와도 감정을 그대로 인정하기보다는 외면과 계산이 앞섰고, 마침내 괜찮겠다는 판단이 들면 그제야 사랑을 결심했다. 그렇게 시작된 사랑의 날들에도 나는 가장 소중한 건 꼭꼭 숨겨둔 채 조금 덜 소중한 것만 내어줬다. 이게 나의 전부라고 말하면서, 그리고 나조차도 그게 최선이라고 믿으면서.

실은 무서웠던 것뿐이면서. 가장 소중한 걸 내어줬다가 사랑을 잃으면 내가 너무 아파질까 봐 잔뜩 움츠렸던 것뿐이면서. 그치만 다친 마음에 새살이 돋으려면 얼마나 긴 시간이 필요한지도 너무 잘 알아서 그랬겠지.

시트콤 속 아이들처럼 내게도 예전처럼 다시 누군가를 위해 전부를 내어줄 만한 사랑의 감정이 남아있을까. 이별이 두려워도 눈을 질끈 감고 다시 한번 사랑에 온 마음을 던져볼 용기가 남아있을까.

설거지를 하다 유독 저 대사들에 마음이 흔들렸던 걸 보면, 아마도 갈수록 사랑이 어려운 지금의 내게는 순수한 사랑을 말하는 누군가의 한마디가 절실했었나 보다. 너에게도 아직 그 마음이 남아있다고. 그러니 처음처럼 다시 시작할 수 있다고. 이렇게 말해주는 것만 같았다.

이제는 무엇이든 스스로 선택하고 책임져야 한다는 걸 알지만, 그래도 여전히 스스로 용기 내기 어려운 것들도 많으니까. 특히나 영원히 알 수 없을 사랑에 관해서는.

앞으로 누군가를 떠올릴 때 가슴이 답답하고 눈물이 날 것 같다면, 늘 창훈 선생님의 대사를 떠올려야겠다.

얘야. 어른들은 그걸 사랑이라 부른단다. (2025)

피어나기 위해서

좋아하는 화가 선생님의 전시 오프닝에 초대를 받았다. 축하의 마음을 담아 선생님이 가장 좋아하는 망고 튤립 꽃다발을 선물하려 단골 꽃집에 전화를 걸었다. 꽃집 사장님의 안목과 감각이 남달라서 누군가를 축하할 일이 있을 때마다 애용하는 곳인데, 그동안 이곳의 꽃다발을 선물 받은 사람들의 행복한 미소를 떠올리면 사장님의 섬세한 손길을 더욱 신뢰하게 되었다.

"튤립 꽃다발 찾으러 오셨죠?"

꽃집에 도착했을 때 마침 사장님은 꽃다발에 리본을 묶으며 마무리 작업을 하고 있었다. 새벽 꽃시장에서 여름철에 유독 귀한 튤립을 구해와 서둘러 만드는 중이라고 했다. 망고 튤립이라는 이름에 걸맞게 꽃잎이 싱그러운 노란 빛을 띠고 있었다. 잎을 한껏 오므리고 있는 동그란 모양의 튤립이 귀여워서 역시나 이번에도 튤립을 선택하길 잘했다고 느꼈다.

 잠시 후 사장님은 튤립 꽃다발을 아기 건네듯 내게 조심히 건넸고, 그 모습에 나도 덩달아 잠든 아기를 안 듯 살며시 건네받게 되었다. 말보다 몸짓 하나가 훨씬 더 많은 걸 알려주는 순간이었다. 그런데 꽃다발을 받아 들고 꽃집을 나가려던 찰나 사장님이 왠지 미안한 표정으로 나를 불러세웠고, 뭔가 머뭇거리는 듯하다가 이내 말을 꺼냈다.

 "여름에는 날이 더워서 튤립이 금방 피거든요. 그래서 조금 늦게 피라고 일부러 꽃잎에 생화용 접착제를 조금씩 발라놨어요. 안 그러면 정말 꽃잎이 활짝 피어서 선물할 때 당황할 수도 있거든요."

 그 말을 듣고 언젠가 튤립을 선물 받은 날이 떠올랐다. 그때는 추운 겨울이라 밖에서는 꽃잎이 피지 않았지만, 차에 타서 운전을 하다 보니 따뜻한 히터 때문에 튤립이 서서히 피어났다. 동그랗고 예쁜 모습이 사라지는 장면을 아쉽게 바라보며, 어떻게든 꽃잎이 피는 걸 늦추려고 히터를 끈 채 몸을 떨며 운전했다.
 그런데 여름에는 에어컨 찬바람을 듬뿍 맞게 해줘야 귀여운 모습이 오래간다니. 정말 까다로운 꽃이구나. 그럼 튤립이 피어나기 전에 서둘러 선생님에게 전달해야 했다. 차에 타자마자 보조석에 꽃다발을 앉히고 평소보다 에어컨을 강하게 틀었다. 냉방병에 취약한 나였지만 차를 타고 갤러리에 가는 동안만 참으면 될 일이었다.

그 덕분에 무사히 튤립의 동그란 모양을 지킨 채 전시 오프닝에 도착했고, 튤립을 받아 들며 꽃보다 더 아름답게 웃는 선생님의 모습을 볼 수 있었다. 선생님은 갤러리를 가득 채운 사람들과 인사를 나누면서도 좀처럼 꽃다발을 내려놓지 않았다. 이리저리 살펴보고, 가장 예쁜 모습을 담아두려 여러 번 카메라 셔터를 눌렀다. 꽃다발 하나가 이렇게 한 사람을 황홀하게 만들다니. 오히려 그 모습을 바라보는 내가 선물을 받은 것처럼 행복했다.

꽃은 자신을 귀하게 여기는 사람에게 유독 특별한 기운을 안겨주는 걸까.

그런데 행사가 끝나고 선생님과 근처 식당으로 이동하는 길에 튤립이 조금씩 잎을 펼치기 시작했다. 장마가 끝나고 폭염이 예보됐던 탓에 유난히 열기가 심한 날이었다. 꽃집 사장님이 분명 접착제를 발라둬서 오늘까지는 괜찮을 거라고 했는데, 아무래도 한낮의 열기를 견디기엔 역부족이었던 걸까. 동그랗던 모습이 펼쳐지니 튤립이 생각보다 예쁘게 느껴지지 않았다.

얼마나 피어나는 힘이 강했으면 접착제로도 막지 못한 걸까. 피어날수록 아름다움과 멀어지는 꽃이라니 튤립의 생이 서글프게 느껴졌다.

"선생님, 튤립이 아까는 동그랗고 더 예뻤는데 한여름이라 벌써 피어서 아쉬워요."

내 말을 들은 선생님은 가만히 꽃다발을 지켜보다 사뭇 의외라는 표정으로 이렇게 말했다.

"글쎄요. 저는 아쉽지만은 않아요. 물론 튤립은 동그랗게 오므린 모습도 예쁘지만, 오히려 저는 이렇게 다른 모습으로 피어나는 순간도 좋아하거든요. 남들이 아무리 뭐라든 아랑곳없이 제 모습 찾아가는 것 같아서. 그건 또 다른 의미의 아름다움이 아닐까 싶어요."

역시나 튤립은 아직 피어나지 않았을 때 가장 예쁘다는 건 내 입장에 불과했을까. 튤립의 입장에서는 언제까지나 아이의 모습으로 움츠린 채 살아갈 수는 없을 테니까. 사람인 나도 출생 이후 성장의 길을 걷는 것처럼, 꽃도 만개하는 게 당연한 순리이겠지. 선생님의 말을 듣고 나니 사람의 만족을 위해 꽃잎에 접착제까지 발랐다는 점이 아까와는 다르게 미안했다.

선생님의 품에 안긴 튤립 송이들이 서로 다른 속도로 피어나고 있었다. 아까보다 그 모습이 조금 더 예뻐 보였다. 그래서 나도 선생님이 그랬던 것처럼 꽃다발을 여러 각도에서 촬영했다.

꽃도 사람도 제 모습 그대로 피어나려는 힘은 무엇으로도 막아낼 수 없구나.

튤립이 만개하지 않기를 바라던 내 마음도 어느새 꽃을 따라 조금씩 피어나고 있었다. (2024)

타인의 시선

연예인은 촬영이 시작되면 자신이 무엇을 바라보는가 보다는 자신의 모습이 카메라에 어떻게 담길지를 먼저 의식하며, 의도한 이미지를 연출하기 위해 부단히 노력한다. 타인의 시선에 영원히 사로잡히는 것. 그것이 연예인의 과업이자 벗어날 수 없는 숙명이다.

그런데 이제는 연예인의 범위가 불분명해졌다. 언젠가 TV 채널이 방송 3사만 존재했던 시절에는 오직 그 채널을 통해 가정용 TV로 송출되는 사람만이 연예인으로 불렸다. 하지만 현재는 지상파 채널의 숫자만 해도 60개를 훌쩍 넘어선 상황이 되었고, 게다가 인터넷 개인 방송과 웹상의 유명인들까지 존재한다. 카메라 앞에서 자신의 모습을 관찰하고 분석하며 연출하는 사람들이 그만큼 많아졌다.

과연 그들을 명확하게 연예인과 비연예인으로 구분할 수 있을까. 카메라의 피사체가 되면 누구나 연예인이 될 확률을 가진다. 의지만 있다면 얼마든지 자신의 일상을 온라인에 전시할 수 있고, 이목을 끌 만한 콘텐츠로 발전하면 본인의 의지와는 상관없이 연예인과 유사한 삶을 살게 된다.

물론 연예인 혹은 유명인이 되는 길은 다양하지만, 누구에게나 그 길이 보장되는 것은 아니다. 유명인의 수요가 늘어난 것보다 유명인을 지망하는 공급과 경쟁이 월등히 높아진 만큼, 방송 3사만 존재했던 시절에 비해 유명인이 되기 수월해졌다고는 말할 수 없다.

하지만 자신의 일상을 웹상에 전시하는 행위가 하나의 삶의 태도가 된 시대에서는, 연예인이란 더는 특정한 누군가의 캐스팅에 의해서만 탄생하지 않는다. 이제는 오히려 자신을 스스로 기획하고 콘텐츠화하여 대중의 반응을 먼저 이끌어내는 방식으로 누구든 '준 연예인'이 될 수 있다. 모두에게 열려있는 듯한 문을 바라보며, 일반인들 또한 그 가능성을 어렴풋이 품고 살아간다.

일반인의 연예인화. 누구나 경쟁적으로 타인의 시선을 사로잡기 위해 분투하며, 자신을 끊임없이 분석하고 수정하며 특정한 이미지를 연출한다. 길을 걷는 평범한 일상 속에서도, 자신의 모습이 타인의 시선에 어떻게 비칠지 먼저 의식하며 발걸음을 조절하는 것처럼.

자신의 두 눈으로, 자신의 생각과 판단으로, 그리고 자신의 의지와 선택으로 세상을 마주하는 것이 아닌, 온종일 감시 카메라에 둘러싸인 것처럼 연출된 일상을 살아간다. 결국 자신이 체험하는 순간보다 타인의 시선에 투영된 모습을 진짜의 삶이라고 착각하면서.

세상의 흐름에 휩쓸리지 않고 독자적인 삶의 태도와 방향을 유지하려 노력하지만, 어느새 나는 타인의 시선을 복사하고, 타인의 생각을 모방하며, 타인의 선택을 복습한다. 누구도 나를 주시하지 않아도, 모두가 나를 관찰한다는 망상에 시달리며, 스스로 머릿속에 설정한 '오케이 컷'의 기준을 충족하기 위해 만족과는 동떨어진 삶을 산다.

이것은 착란에 시달리는 개인의 증상일까, 혹은 시대를 풍미하는 보편적인 현상일까.

타인의 시선을 위해 자신의 일상을 자발적으로 희생하는 삶을 무엇이라 불러야 할까. 어디로도 휩쓸리지 않고 오롯이 중심을 지키는 일이 당면의 과제가 된 이 시대에, 나는 정말 나의 삶을 살고 있다고 말할 수 있을까. (2025)

정상의 풍경

그때는 인왕산 곳곳에 초소가 많았다. 나는 그곳에서 군 생활 중이었고, 날마다 산 정상에서 서울 도심을 내려다보곤 했다. 아무런 생각 없이 그저 하루가 빠르게 흘러가기만을 바라면서. 계절과 날씨에 아랑곳하지 않고 성곽을 따라 수없이 인왕산을 오르내리던 날들이었다.

정상에서 고개만 돌리면 각기 다른 서울의 모습을 감상할 수 있었지만, 그때는 풍경을 감상할 마음의 여유도 의지도 없었다. 늘 바라보던 익숙한 풍경에 무감각해진 상태였고, 하루의 끝과 전역 이외에는 특별히 기다려진다거나 감탄할 만한 대상도 없었다. 오히려 초소 앞에 멀뚱하게 서 있는 우리에게 다가와 아들 생각이 난다며 간식거리를 건네주는 등산객들이 가장 고마울 정도였다.

시간은 멈춘 듯하면서도 빠르게 흘렀다. 초소가 있는 산 정상까지 수백 번을 오르내리다 보니 계절이 몇 차례 바뀌었고 마침내 집으로 돌아갈 시간이 되었다. 전역을 앞둔 날에는 산의 정상에서 붉은 석양을 평소보다 오래도록 바라봤다. 그토록 기다려온 날이었지만 불투명한 미래에 대한 설렘과 불안이 뒤섞여 왠지 모를 모호한 감정을 끌어안은 채 마지막으로 산에서 내려왔다.

그날 이후로 아주 오랜 시간이 다시 흘렀고, 그동안 나는 단 한 번도 인왕산을 오르지 않았다. 특별히 기억하고 싶지 않은 시절도 아니었지만, 단지 살기 바쁘다는 핑계로 그리 멀지 않은 곳에 살면서도 좀처럼 발걸음을 옮기지 않았다. 어제는 전역 이후 처음으로 인왕산에 올랐다. 오랜만이라는 말로는 턱없이 부족했지만, 그 말이 아니라면 달리 표현할 방법도 없었다.

대부분 그대로였는데 한 가지 놀랍도록 큰 변화가 있었다. 자락길에 있던 간이 부대가 몇 년 전 리모델링 후 '초소 책방'이라는 이름으로 탈바꿈해 수많은 사람이 찾아오는 유명한 장소가 되었다는 것. 내가 두 해 동안 의식주를 해결하던 곳이자, 군 생활의 온갖 일들이 벌어지던 곳에서 이제는 사람들이 평화롭게 책을 읽고 차를 마시는 모습이 생경하게 다가왔다. 군부대와 북카페 사이의 이질감에 웃음이 났지만, 설령 다른 무엇으로 바뀌었을지라도 그 장소는 내게 여전히 군부대로 기억될 수밖에 없는 곳이다.

온몸이 기억하는 등산로를 따라 정상으로 향했다. 그때와는 다르게 쉬고 싶은 곳에서 숨을 고르고, 발목을 잡는 풍경을 한참 동안 바라보기도 하면서. 등산로 곳곳에 있던 작은 초소들은 완전히 사라지거나, 같은 자리에 남아있어도 검은 페인트가 칠해진 채 무슨 용도인지 짐작할 수 없는 기괴한 모습이 되어있었다.

데자뷔 같은 길을 따라 정상의 바위에 올라 다시 서울의 풍경을 내려다봤다. 맑은 날씨 덕분에 무한히 펼쳐진 블록 같은 건물들이 한눈에 들어왔다. 그때와 전혀 다를 것 없는 풍경이었지만, 어쩐지 자꾸만 아득해지는 마음을 막아낼 수는 없었다.

언제부턴가 저 수많은 작은 블록들 사이에 낀 채 반복되는 일상을 살고 있다. 그때는 그토록 자유를 갈망했는데, 막상 내 의지로 무엇이든 선택할 수 있는 지금의 나는 스스로 자유를 박탈한 사람처럼 비좁은 일상을 살아간다. 어쩐지 조금 억눌린 것 같기도 하고, 누군가에게 쫓기는 것 같기도 하고. 어떻게든 저곳으로 서둘러 돌아가고 싶었던 그날들은 어디로 가고, 이제는 저곳으로 돌아가기 위해 만반의 심호흡이 필요한 날들이다.

여기서 바라보면 모든 게 사사로워 보이는데, 나는 다시 저곳에서 잘 해낼 수 있을까. 저곳에서 나를 잃지 않을 수 있을까.

그때와 별반 다르지 않은 노을이 지기 시작했고, 머지않아 산속에도 저녁 어스름이 드리웠다. 빌딩 숲과 가로등의 불빛들로 도시는 대낮과는 전혀 다른 분위기로 옷을 갈아입고 있었다.

미워하든 좋아하든 저기가 내가 돌아갈 곳이구나. 아름답지만 때로는 나를 슬프고 아프게 하는 곳. 그럼에도 내가 사랑하는 사람들과, 나의 일상과, 나의 일이 존재하는 곳. 그들을 떠올리며 내가 돌아가는 것처럼 그들도 나를 생각하며 묵묵히 일상의 반복을 살아낼까.

다시 오른 인왕산의 정상에서 다짐했다. 인생의 희망과 의미를 체념하기엔 아직 너무 이르다고. 이제 더 늦기 전에 산에서 내려갈 차례였다. 잠시 심호흡을 하고, 다시 내가 있을 곳으로 돌아갈 시간이었다. (2023)

사람의 목소리

클럽하우스를 기억하는 사람들이 있을까. 모처럼 스마트폰 배경 화면을 정리하다가 맨 구석에 여전히 남아 있던 클럽하우스 앱을 발견하고는 잠시 그때가 떠올랐다.

코로나 팬데믹 시절에 유행하던 음성 기반의 소셜미디어. 기존의 소셜미디어와 가장 달랐던 점은 글이나 사진 대신 오직 목소리만으로 사람들과 소통하는 방식이라는 점이었다. 누군가 특정한 주제의 방을 개설하면 관심 있는 사람들이 입장해 서로 대화를 나눈다는 점에서 일종의 보이스 채팅이기도 했다.

다만 클럽하우스가 더욱 열광적이던 까닭은 기존 가입자의 초대장이 있어야만 참여가 가능했던 폐쇄적인 구조와, 해외 각국의 유명 인사들과 같은 방에서 어울리는 듯한 느낌을 받는다는 점도 있었겠지만, 무엇보다 팬데믹이라는 특수한 상황 때문이었을 것이다.

지금은 어느새 아득해진 그 시절 속 사람들은 끝날 듯 끝나지 않던 거리 두기에 지쳐만 갔고, 그럴수록 만남과 관계에 더욱 목마른 시기를 보냈다. 난생처음으로 책상 앞에서 비대면 미팅을 하고, 화면 속 친구들과 대화를 나누며 연말모임을 대신하고, 헬스장 출입이 불가능해져 온라인 피티 프로그램에 참여해 홈트레이닝을 하면서.

집에서 보내는 시간이 길어질수록 평온과 안락이 점점 고립과 고독으로 변해갔다. 그때 클럽하우스는 때마침 눈앞에 나타난 탈출구와도 같았다. 이미 소셜미디어의 포화 속에서 살았지만, 사진과 글만으로는 충족되지 못한 깊은 유대감이 낯선 사람의 목소리에 깨어나는 듯했다. 아무래도 사람과 실제로 대화를 나누고 있다는 사실과, 목소리에서 전해지는 온기가 그토록 사람들을 클럽하우스에 열광하게 만들지 않았을까.

하지만 아무리 새로워 보여도 익숙해진 뒤에는 환상이 깨지기 마련이다. 결국 대화를 이끌어가는 사람들은 따로 있었고, 내성적인 사람들은 그곳에서도 소극적이었으며, 말을 할 때는 실제로 청중이 가득한 강당에서 연설할 때처럼 움츠러들었다. 자신을 당당히 소개할 수 있는 사람들은 이곳에서도 이목을 끌었고, 반대의 사람들은 이곳에서도 주눅이 들어 좀처럼 목소리를 내지 않았다.

그렇게 말을 하는 사람과 듣는 사람이 자연스레 나뉘었고, 그 위치는 쉽게 바뀌지 않았다. 분명 새로운 환경이었는데 어쩐지 낯익은 모습으로 흘러가고 있었다. 얼굴을 마주하지 않고 목소리만으로 대화를 나누는 것뿐인데도 현실과 별반 다를 것 없는 분위기가 조성되었다. 말하는 사람이 방을 나가면 모두가 안녕을 건넸지만, 듣는 사람이 나가면 아무도 알아채지 못했다.

클럽하우스는 분명 새로웠지만 크게 다르진 않았다. 그곳에서는 목소리가 더욱 강력하고 직접적인 칸막이가 되어 사람들을 나누고 있었다. 목소리는 스피커를 통해 귓속으로 흘러들어 감정과 자극을 증폭시켰는데 그것은 상처도 위안도 곱절이 된다는 의미였다. 소비하는 방식에 따라, 사람을 대하는 태도에 따라, 다른 소셜미디어에 비해 순간적으로 영향을 많이 받을 수밖에 없었다.

잊고 있었지만 사람의 목소리는 원래 그런 힘을 갖고 있었다. 글은 수정할 수 있지만 말은 그럴 수 없다는 진부한 이야기가 어울리는 것을 보면 클럽하우스는 우리의 실제 삶과 조금 더 흡사한 소셜미디어인 것만은 분명했다. 비판적인 시선도 많고, 대화의 양극화에 취약한 구조인 것도 맞지만, 그럼에도 클럽하우스를 구경하며 느꼈던 건 우리가 한동안 사람을 무척 그리워하고 있었다는 점이었다.

그동안 모든 상처의 근원이 사람이었을 텐데, 삶을 저버릴 만큼 자신을 괴롭힌 감정 또한 사랑이었을 텐데. 누구나 서툴지만 그럼에도 관계에 미련을 버리지 못하는 현실 속 우리들의 이야기처럼, 사람은 역시나 사람과 함께일 때 살아갈 의미를 찾게 되는 걸까.

비록 그 이야기가 가슴 아픈 결말을 품고 있을지라도, 사람 속에서만 진정한 위안을 발견할 수 있다는 희망을 간직한 채 살아가는 걸까.

사람에 기대어 나도 다시 한번 관계 속을 거닐어 보는 상상을 한다. 정작 사람이 그리웠던 건 나 자신이었나 보다. (2023)

정성과 마음

정성껏 쓰고 만든 책을 열심히 팔고 있다. 두 달 전까지 직장과 출판을 병행할 때는 책을 판다는 말을 어떻게든 숨기거나 우회하여 표현했다. 무엇보다 겸업의 형태를 띤 활동을 수면 위로 표출하는 일이 어쩐지 보수적인 집단 속 생존에 불리할 듯한 생각과, 깜냥도 되지 않으면서 책 판매와 홍보를 직접 드러내는 행위를 부끄럽게 여기며 늘 망설이곤 했다.

하지만 이제는 글쓰기와 출판은 나의 전업이자 향후 발생할 모든 일들의 기반이 될 예정이기에, 더는 지나치게 움츠러들기보다는 정성껏 만든 책들을 적당한 선에서 열심히 소개하려 한다.

꾸준한 작업을 위해서는 책 판매가 다음 작업을 지속할 만큼 최소한의 동력을 이끌어줘야 한다고 믿는다. 물론 책 판매가 이뤄지지 않아도 꾸준히 작업할 수는 있겠지만, 흔히 말하는 도파민이 모두 소진된 상태에서 지속하는 작업은 창작자의 일상을 불투명한 장막 속에 가둔 채, 열정과 의지를 한풀에 꺾어 자신만의 보폭을 외면하게 한다. 창작 생활과 더불어 인생을 살면서 내가 겪어본 가장 두려운 감정은 분노나 슬픔이 아닌 무기력과 열등감이었다. 이 감정들은 내면으로 함몰되기도 하지만, 자주 모습을 바꿔가며 바깥으로 표출되기도 한다.

무기력과 열등감은 비단 심적으로 나약한 사람들만의 전유물이 아니고, 누구나 예상치도 못한 취약한 상황과 맞닥뜨리면 한없이 가라앉은 자신의 바닥을 목격하게 된다.

그러나 물론 작가의 정신 건강과 생활을 지켜주기 위해 책을 구매하는 일반 독자는 거의 없을뿐더러 그것을 종용해서도 안 될 일이다. 무엇보다 가장 중요한 건 일단 구매 욕구를 불러일으키는 책을 제작하는 것이다.

소비자의 마음을 움직이는 건 상황이 어렵다는 작가의 막연한 하소연보다는, 그럼에도 불구하고 다양한 시도와 함께 묵묵히 작업을 이어가는 작가의 모습일 테니까. 책 또한 상품이기 때문에 작가의 개인 소장 용도로만 제작된 것이 아니라면 판매를 위해 다양한 점들을 고려할 수밖에 없다. 하지만 아무리 닮고 싶은 탁월한 레퍼런스를 참고해도 시간, 재능, 우연, 행운이 입체적으로 맞물리지 않으면 기대와는 전혀 다른 결과를 반복해서 마주하게 된다. 이것은 인간의 의지와 노력만으로는 통제 불가한 영역이니 무작정 하나의 방식만 고수하거나 섣불리 포기할 필요는 없겠다.

일상의 작은 이야기를 담은 책을 쓰고 만들지만, 그럼에도 떳떳하게 판매하기 위해서는 무엇보다 나에게만큼은 최대한의 정성과 최소한의 확신이 깃들어야 한다고 생각한다. 아무리 정성을 쏟아도 누군가의 이목을 끌기에는 역부족인 시대에 최대한의 정성을 담지 않은 상품은 가성비 이외의 측면에서는 구매자뿐만 아니라 자신에게조차 쉽게 잊히기 마련이니까.

또한 최소한의 확신이 결여된 상품은 그 모호한 마음이 소비자에게도 전달되어 구매와 사용을 머뭇거리게 하거나 각인되지 않는다.

그런 측면에서는 책도 소비자의 선택과 만족이 중요한 만큼 다른 상품들과 별반 다르지 않다. 책은 다를 것이라는 환상을 품고 살던 시절도 있었지만, 지금은 오히려 책도 다른 상품들이 공들여 제작되고 판매되는 방식을 따랐을 때 더욱 값진 결과를 얻을 수 있다고 믿는다. 그러니 최소한 나에게 먼저 부끄럽지 않을 책을 쓰고 만들고 싶다. 책 판매에 대한 기대와 반응은 그다음에 찾아올 순서니까.

우선은 유행에 뒤늦게 편승하기보다는, 내가 살아낸 삶의 방식이 이끄는 방향을 보완하며 출판 시장이라는 견고한 바위에 계속해서 부딪혀보는 수밖에. 언젠가 날마다 바위에 깨지고 터져서 하염없이 아래로 흘러내리는 나를 누군가 발견한다면, 다른 어떤 말보다 이렇게 말해주면 좋겠다.

이곳은 아직 목적지가 아니라 우회로일 뿐이라고. 그러니 다시 일어나서 너의 방향을 선택하라고.

그럼 나는 비록 깨진 상태로 생각보다 긴 시간을 보낼지라도, 머지않아 다시 일어나 내가 선택한 사랑하는 일을 온몸으로 끌어안을 사람이니까.

다짐과 각오는 이 정도면 충분하고 오늘도 다시 책상 앞에 앉아야겠다. 꾸준함만이 나를 수시로 되살릴 마지막이자 유일한 끈이 되어줄 것이라는 굳은 믿음으로.
(2024)

사람 좋은 사람

명절이 되면 집안 가득 선물이 가득했다. 평범한 선물 세트부터 직접 키운 농산물과 과일들까지 모두 아빠 앞으로 들어온 선물들이었다. 하루는 형편이 어려워졌다며 냉동 핫도그 한 팩을 들고 집으로 찾아온 아저씨도 있었다. 학교에 가서 자랑했더니 아이들은 핫도그가 무슨 선물이냐며 웃어댔지만, 온 집안과 냉장고가 먹을 것으로 가득하다는 건 내게는 더없는 행복이었다. 일 년 내내 명절이 반복되길 바라던 시절이었고.

아빠는 명절뿐만 아니라 연말이 되거나 새해가 찾아와도 전화를 받느라 늘 정신이 없었다. 누가 그렇게 안부를 묻는 건지 대수롭지 않은 이야기들을 엿들으며 하루를 온통 보내기도 했다. 엄마와 나는 아빠를 빼앗긴 기분이 들어 서운할 뿐이었는데. 어른이 된다는 건 참 바빠지는 일이구나. 그럼에도 웃음이 가득한 걸 보면 그리 나쁘진 않겠구나 싶었다.

그때는 그렇게 믿었다. 어른이 되면 아빠처럼 모든 게 자연스러운 일이 될 것이라고

하지만 어른이 되었다고 해서 자연스럽게 이뤄지는 건 아무것도 없었다. 명절이 되거나 해가 바뀌어도 나의 집이 선물로 가득 차거나 줄기차게 전화벨이 울리는 일 같은 건 일어나지 않았다. 본가에 가면 아빠는 예전처럼 온종일 누군가와 웃으며 안부를 나누고 있었는데, 나는 좀처럼 울리지 않는 휴대전화를 흘깃거리며 조용한 하루를 보낼 뿐이었다. 인생이 조금 어긋난 것 같다고 느낀 건 아마도 그때가 처음이었다.

누군가 말했다. 사람만 좋고 실속이 없으면 안 된다고. 그런데 요즘 들어 자주 어릴 적 핫도그를 들고 찾아왔던 그 아저씨의 표정이 떠오른다. 대단한 건 아니었지만 뭔가를 서로 주고받을 때 얼굴 가득 퍼지던 그 소박한 웃음들이 나를 자꾸만 멈춰 세운다.

사람 좋은 사람이 된다는 일이란, 주변이 온통 사람들로 가득해지는 일이란, 자신이 원한다고 이뤄지는 일이 아니었다. 어쩌면 그건 세상에서 가장 어려운 일이었는지도 모른다. 아빠는 어떤 삶을 살아온 걸까. 내가 아는 아빠의 모습보다 내가 모르는 아빠의 모습이 훨씬 더 많을 텐데. 아빠가 된다고 주변에 없던 사람들이 생겨나는 것도 아닐 텐데.

언젠가 내게도 그런 삶이 기다리고 있을까. 자연스럽지 않은 일을 자연스럽게 해내는 삶. 그것에 필요한 오랜 세월과 넉넉한 마음이 내게도 찾아올까.

아빠는 가난한 시절을 살았음에도 누구보다 풍족하고 따뜻한 마음을 간직한 어른으로 살았나 보다. (2022)

마음 쓰기

헬스장 트레드밀을 달리고 있었다. 커다란 통창으로 건너편 공원을 내려다보며 달리는 기분이 유독 홀가분했다. 올겨울 가장 춥다는 오늘도 헬스장에 꼬박 출석한 나 자신을 뿌듯해하며 조금씩 속도를 높이던 찰나였다.

문득 전단지 나눠주는 아주머니가 눈길을 끌었다. 아주머니는 건널목 신호등 아래에서 사람들이 신호를 기다리고 건널 때마다 재빠르게 다가가 전단지를 건넸다. 물론 받는 사람보다는 받지 않는 사람이 많았고, 멀리서 아주머니를 발견하고 미리 피하는 사람은 더 많았다.

보통은 엄마뻘 되는 아주머니가 전단지를 건네면 저절로 손이 나갈 때도 많겠지만, 하필이면 오늘 같은 혹한의 날씨에는 아무리 아주머니가 맨손으로 전단지를 건네도 패딩 주머니에서 손을 꺼내기란 쉽지 않을 것 같았다.

그럼에도 아주머니는 추운 바람을 뚫고 건널목을 수시로 횡단하며 사람들에게 한사코 전단지를 건넸다. 멀리 피해 가는 사람들을 쫓아가서 건네기도 하고, 주머니에 손을 넣은 사람들의 옆구리에 전단지를 끼워주기도 했다.

얼른 할당량을 채워야 해서 그런 걸까. 애초에 오늘처럼 추운 날은 건너뛰면 좋았을 텐데. 그래도 너무 강제로 쥐여주면 사람들도 불편하지 않을까. 때마다 젊은 학생들은 마지못해 전단지를 받긴 했지만, 이내 추운 손을 어쩌지 못해 전단지를 길가에 몰래 버리거나 접어서 주머니에 넣었다. 하지만 몇몇 어른들은 인상을 찌푸리며 아주머니의 손길을 뿌리치거나 한마디씩 하는 것처럼 보였다. 그래도 아주머니는 익숙한 상황을 다루듯 연신 웃으며 고개를 숙였다. 끝까지 전단지 건네기는 포기하지 않은 채로. 그 모습은 멀리서 바라봐도 다툼이 벌어질 듯 조마조마했다.

몸은 트레드밀을 달리고 있지만 시선과 정신은 온통 전단지 아주머니에게 사로잡혀 있었다. 추위에 얼굴이 울긋불긋해진 아주머니의 손에는 여전히 두툼한 전단지 뭉치가 들려 있었고, 아까보다 조금 더 빠른 속도로 건널목을 횡단하며 사람들에게 전단지를 건네기 시작했다.

그 모습이 문득 나의 어린 시절 한 장면과 겹쳤다. 전단지 알바는 초등학생 시절 작은 용돈벌이보다는 순전히 재미를 위한 일이었다. 요즘은 전단지 홍보 자체가 많이 사라졌지만 그때는 전단지가 가장 보편적인 홍보 수단이었다.

하루는 동네 친구들과 새로 생긴 중국집 전단지를 공평하게 할당받았다. 각자가 맡은 아파트 동의 꼭대기부터 한 층씩 차례로 내려오며 집마다 현관 틈에 전단지를 끼워두면 되는 일이었다. 그러다 우리는 동시에 같은 생각을 했다. 어차피 아무도 확인하지 않는데 이렇게 성실하게 일할 필요가 있을까.

이내 친구 한 명은 전단지 뭉치를 들고 상가 화장실로 향했고, 다른 한 명은 집마다 두 장씩 전단지를 끼워뒀으며, 또 다른 한 명은 차라리 자기 집으로 전단지를 몽땅 가져갔다.

그러나 그 와중에도 나는 묵묵히 전단지를 한 장씩 현관에 끼워두고 있었는데, 그건 정직하거나 착해서가 아니라 단지 꼼수를 부렸다가 걸리면 혼날까 봐 무서웠기 때문이다. 결국 일 층까지 할당받은 전단지를 빠짐없이 배포했는데 아이들은 그런 나를 보며 바보라고 놀려댔다. 나도 용감했다면 걔들보다 훨씬 재밌게 꼼수를 부렸을 텐데.

그런데 다음 날 우리는 모두 중국집에 끌려갔다. 배달하는 형이 길에 버려진 전단지 뭉치를 발견한 게 화근이었다. 물론 그 분위기에서 나는 걔들과는 달리 정직하게 배포했다는 말 따위는 먹혀들지 않았고, 결국 그날 다시 처음부터 전단지를 돌려야 했던 어린 날의 억울한 추억이었다.

아주머니를 바라보며 어째서 오래전 그때를 떠올렸을까. 비록 아주머니의 속마음은 알 수 없을뿐더러 사람들에게 전단지를 강제로 건네는 모습이 조금 씁쓸하기도 했지만, 아마도 같은 전단지 알바라는 점과, 강추위 속 누구도 감시하지 않아도 일단은 자신의 몫을 매듭짓는 그 마음을 조금은 알 듯했기 때문이다.

그런데 예전에는 비슷한 상황에서 줄곧 아주머니의 입장을 먼저 생각했던 것 같은데 지금은 행인의 입장을 우선 생각하게 된다. 거리에서 낯선 사람이 건네는 물건은 무엇이든 의심부터 해야 하는 사회이기도 하지만, 무엇보다 내가 더는 예전의 순수하고 마음씨 여린 사람이 아닌 탓이겠다. 누구의 입장을 쉽게 편들지 않는 까닭은 어쩌면 이제는 타인의 삶을 나와는 전혀 상관없는 일처럼 생각하기 때문일지도. 급기야 내 안에 오직 나 자신만 남아서 타인의 고통이나 기쁨을 한낱 구경거리로만 여기는 사람이 되면 어떡하지.

트레드밀을 30분 넘게 달리는 동안 아주머니는 여전히 그 자리에 있었다. 자꾸만 신경이 쓰여서 애써 정면의 공원만 바라보며 달렸지만 집중이 쉽지 않았다. 나의 의지와는 상관없이 시선이 계속해서 건널목으로 향해 아주머니의 행동을 그림자처럼 따라붙었다. 평소라면 이미 온몸에서 땀을 흠뻑 쏟았을 시간인데 오늘따라 땀도 별로 흘리지 않으면서 숨만 가빴다.

아무래도 오늘은 멈춰야 할 듯했다. 트레드밀의 전원을 끄고 곧장 웨이트존으로 이동했다. 생각을 비우고 싶을 때는 중량 운동만큼 탁월한 것도 없으니까.

내 마음을 복잡하게 만드는 일을 외면하고 또다시 외면한다. 어떤 행동도 하지 못할 거면 구태여 마음에도 담아두지 않겠다고 다짐한다. 그래야 인생이 조금 더 순탄하게 흘러갈까 싶어서.

하필이면 날씨가 이렇게 추워서 괜한 일에 또 마음을 쓴다. (2025)

마음 접기

마음을 색깔별로 한 장씩 꺼내 비행기를 접었다. 높은 곳에서 날리면 원하는 곳으로 날아갈까. 언덕에 올라 힘껏 날린 비행기는 멋대로 흩날리다 엉뚱한 곳에 고꾸라졌다.

어느 곳도 경유하지 않고 당신에게 곧장 날려 보내고 싶었는데. 간혹 바람결에 올라타는 비행기도 있었지만 희망을 품고 경로를 이탈할 뿐이었다.

언덕 아래에 불시착한 마음들이 뒤섞여 골목을 다채롭게 물들이면, 지나가던 동네 아이들이 몰려와 좋아하는 색깔의 비행기를 주워 이리저리 날려보기도 했다.

낮은 곳에서 높은 곳으로, 높은 곳에서 낮은 곳으로, 그리고 어디라도 상관없는 곳으로.

비행기는 바람을 타고 자유롭게 날았다. 접은 사람은 여전히 방법을 모르는데 정작 제대로 날린 건 이름 모를 아이들이었고.

마음이 목적지 없이 흩날리는 모습이 애처롭진 않았다. 오히려 날아갈 곳도 돌아올 곳도 없는 자유와, 경로도 방향도 없이 내려앉는 모든 곳이 목적지인 방랑이 부러웠다.

그래도 나는 원하는 곳으로 제대로 날리고 싶었는데. 아무리 손 모양을 바꾸고 힘 조절을 해봐도 비행기는 이상한 곳에만 내려앉아 그저 낯선 공간을 장식하거나 어지럽힐 뿐이었다.

어느새 할당된 마음을 모두 소진해 더는 비행기를 접지 못했다. 아쉬움을 뒤로하고 동네로 내려가는 길에 구름을 관통한 무지개를 발견했다.

납작하게 접힌 채 무지개 너머로 날아간 나의 마음이, 우연히 당신이 자주 걷는 길목에 내려앉을 확률을 떠올려 보던 저녁이었다.

닿지 않을 걸 알면서도 마음은 또다시 색깔별로 차오를 테니, 괜찮다면 다음의 언덕을 기약해 봐도 좋겠다. (2023)

안으로 쓰기

 퇴사 후 꾸준히 글쓰기 수업을 진행하고 있다. 매사에 소극적인 내가 어떤 수업을 지속하고 있다는 사실이 여전히 낯설고 어색하지만, 이제는 그래도 사람들 앞에서 지나치게 긴장하진 않는 걸 보면 조금은 수업 분위기에 적응한 듯하다. 어쩌면 내게 없던 삶의 풍경과도 같은데, 자연스레 새로운 자리에 안착한 일상이 나조차도 신기할 따름이다.

 문득 처음으로 글쓰기 수업을 맡았던 날이 떠올랐다. 코로나 팬데믹 한가운데 과연 누가 수업에 참여할까 걱정했지만, 다행히 일곱 명의 신청자가 있어서 소규모 수업이 확정되었다. 예전에 잠시 영어 강사로 일한 적도 있었고, 본업이 승무원이던 시절이라 사람들 앞에서 말을 전하는 일에는 막연한 자신감이 있었다.
 그런데 막상 첫 수업이 다가올수록 불안과 걱정이 커져 도무지 다른 일에 집중할 수 없었다. 가장 커다란 불안은 바로 이런 걱정들이었다. 과연 내가 무엇을 전달할 수 있을까. 신청한 사람들이 실망하면 어떡하지. 괜히 수업을 개설했나. 오래도록 글을 써왔고 운 좋게 책 몇 권을 출간하긴 했지만, 그렇다고 내가 누군가를 가르칠만한 사람은 아니라고 여겼다.

단지 남들보다 조금 더 예민한 성격을 앞세워 일상을 성실하게 기록한 분량이 많아졌을 뿐, 기록하는 일에 모범과 정답이 있다고는 생각하지 않았다. 게다가 나는 결국 글은 혼자만의 놀이라는 믿음으로 써왔던 사람이라, 과연 모임을 통해 다른 사람들과 함께 쓰고 나누는 방식이 어떤 효과와 의미가 있을지 확신하지 못했다.

어느덧 첫 수업 날이 다가왔고 어색하지만 설렘 가득한 분위기 속에서 서로 인사를 나눴다. 그런데 그들의 소개를 듣고 가장 놀랐던 건 생각보다 아주 먼 곳에서 찾아왔다는 사실이었다. 수업 장소는 서울 용산구 후암동의 작은 책방이었는데, 그들은 원주와 남양주, 용인, 그리고 세종시에서 퇴근길을 뚫고 왔다는 것이었다. 고마운 마음이 먼저였지만, 한편으로는 그들의 수고로움에 보답해야 한다는 부담감도 밀려왔다.

그래서 잘하고 싶은 마음에 나름대로 작법 노트를 만들어 공유했고, 매주 과제로 쓸 글감과 참고할 만한 글들을 정리해 전달했다. 나도 처음이었고, 그들 또한 글쓰기 수업은 처음이라 서로 조심스러웠지만, 그만큼 열망이 가득해 책방의 온기가 금세 뜨거워졌다.

매주 그들이 과제로 제출한 글을 읽을 때마다, 그 안에 담긴 투명한 내면이 어쩐지 모두 내 마음 같아서 쉽게 눈을 떼지 못했다. 사람은 본래 자신의 이야기를 진솔하게 풀어내는 능력을 지닌 존재일까. 다만 에세이 형식이 낯설고, 문단의 흐름이나 구성에 익숙하지 않을 뿐일지도 모른다. 나의 역할은 단지 내게 익숙한 방식으로 그들이 쓴 글의 골조를 새로 잡고, 문장을 매끄럽게 다듬거나, 글감을 바라보는 다른 시선을 보태는 정도였다.

허술한 나의 의견에도 고개를 끄덕이며 수업에 몰두한 그들의 모습은 어린 날의 열정처럼 풋풋했다. 멀리 이동하느라 녹초가 됐을 법도 한데, 그토록 생기 넘쳤던 이유는 퇴근 후 온전히 자신의 마음이 향하는 곳을 선택한 덕분이었을까.

역시나 하기 싫은 일의 불안과 걱정은 당장에라도 사람을 도망치고 싶게 만들지만, 좋아하는 일의 도전과 긴장은 오히려 사람을 다시 살아 숨 쉬게 한다.

그동안 나는 글은 방안에 고립된 채 혼자 써야 한다고 믿었는데, 다른 사람의 글을 읽는 행위도 결국 쓰는 일과 크게 다르지 않았다.

나의 글을 쓰는 것이 '밖으로 쓰는 작업'이라면, 다른 사람의 글을 읽는 것은 '안으로 쓰는 작업'과도 같았다. 읽는 동시에 수없이 많은 편집과 해석이 이뤄지며, 마침내 나만의 이야기로 재구성되기 때문이다.

문득 훗날에는 출간한 책이 많은 작가가 되는 것도 좋겠지만, 그보다 안으로 많이 쓰며 나와 다른 삶을 충분히 이해하는 사람이 되고 싶었다. 설령 작가로서 성공하지 못하더라도, 사람으로서 넓고 깊어지고 싶은 마음. 만약 그 마음처럼 살아갈 수 있다면, 고독한 내 삶의 풍경도 지금과는 많이 달라지지 않을까.

다른 사람의 글을 읽으며 나를 읽는다. 내가 거치지 않은 삶에도 내가 있고, 내가 관여할 수 없는 삶에도 내가 있다. 처음에는 내가 그들에게 글 속의 경로를 안내한다고 믿었지만, 그건 생각만으로도 오만한 일이었다. 오히려 그들이 내 삶에 없던 새로운 지평을 보여준 조력자였는데, 내가 너무 늦게 알아차린 것뿐이었다.

우리는 모두 다른 삶을 살고 다른 글을 쓰지만, 동시에 조금씩 닮은 구석을 품고 있기도 하다. 세상에는 나조차 이해하지 못하는 내 마음을 이해하는 사람들이 존재한다. 그렇게 나도 완전히 혼자는 아니라는 점을 깨닫는다면, 그보다 탁월한 글쓰기의 순기능도 없을 것이다.

오래도록 쓰고 나누는 삶을 지속하고 싶다. 그들에게 더 많은 보탬이 되려면 나부터 먼저 꾸준히 읽고 쓰는 일을 지켜내야겠다. (2024)

탈피

 어린 시절 집 앞에는 작은 동산이 있었다. 그때만 해도 아날로그의 시절이었고, 지금처럼 인터넷과 스마트폰이 생활화된 일상은 상상 속에도 존재하지 않았다. 학교가 끝나면 자연스레 친구들과 동산에 올랐다. 그곳에 바로 우리의 비밀 아지트가 있었다. 버려진 비닐하우스에 동네에서 주워 온 천막과 돗자리를 이용해 만든 허술한 공간이었지만, 우리에게 아지트는 방과 후 세상의 전부였다.

 시간이 흐를수록 아지트에 다양한 잡동사니가 많아졌다. 대부분 각자의 집에서 가져온 아끼는 로봇이나 권총 같은 장난감이었는데, 한곳에 모아두니 동네에서 가장 잘 나가는 애들이 된 것처럼 뿌듯했다.

 하루는 친구가 곤충 장난감 세트를 가져왔다. 그 당시에 인기가 많았던 장난감인데 온갖 곤충들을 고무 모형으로 만든 제품이었다. 우리는 그 장난감이 진짜 곤충인 것처럼 다른 애들을 놀래주기도 하고, 집에서 어른들까지 놀래주겠다며 무모한 도전을 하다가 혼쭐이 나기도 했다.

그러던 어느 날 그 곤충 장난감 사이에 못 보던 매미 모형 한 마리가 새로 생겼다. 처음 보는 모형이 신기했던 나는 그 매미를 다른 장난감을 쥐는 것처럼 아무렇지도 않게 집어 들었다. 그런데 생각보다 훨씬 가벼웠던 매미 모형은 내 손안에서 그대로 바스러지고 말았다. 이상한 느낌에 내가 화들짝 놀라며 소리를 지르자 그제야 다른 아이들이 재밌어 죽겠다는 듯이 웃었다.

알고 보니 친구들이 허물만 남은 매미로 유독 겁이 많았던 나를 놀래주려던 속셈이었다. 언제나 장난의 대상은 착하고 덩치도 작은 아이가 되었으니까. 그 장난은 정확하게 명중했고, 나는 그 이후로 여름철 매미가 울 때마다 오래도록 아이들의 놀림감이 되고 말았다.

그 일이 있던 날에도 우리 아지트 주변 나무들에는 매미가 빠져나간 껍질들이 다닥다닥 달라붙어 있었다. 매미 소리가 하늘을 찌르던 여름날이라 그것들이 전부 매미인 줄 알았는데 자세히 바라보니 속이 텅 빈 껍질일 뿐이었다. 살며시 건들면 금방이라도 바스러질 것처럼 연약했고, 떼어내면 아무런 생명의 무게가 느껴지지 않을 만큼 가벼웠다.

자신이 살던 몸을 벗고 다시 태어나는 일이 가능하다니, 곤충의 세상은 지금도 그렇지만 특히나 어린 시절의 내게는 그 자체로 미지의 세계였다.

매미는 유충일 때 나무 밑 땅속에서 7년을 살다가 비로소 나무 위로 올라와 껍질을 벗어둔 채 진정한 매미가 되어 날아간다고 했다. 그런데 그 오랜 기다림에 비해 매미로서의 삶은 고작 2주 정도에 불과하고, 그것도 탈피 과정에서 천적에게 잡아먹히지 않아야만 가능한 일이라니. 심지어 2주 동안 성공적으로 짝짓기를 끝내고 알까지 낳아야 하는 거대한 사명까지 있다니. 짧지만 강렬하게 타오르는 삶이란 어쩌면 매미의 생에 빗댄 표현일지도 모르겠다.

그 과정을 생물 시간에 배우긴 했지만 껍질을 실제로 목격하고 만져본 일은 놀림감이 된 것과는 별개로 잊지 못할 체험이었다.

세월이 흘러 우리는 이제 어른이 되었고 더는 아지트가 필요하지 않게 되었다. 단골 가게 정도는 있지만 외부의 세계와 차단된 우리만의 은밀한 장소는 추억 속의 발자국처럼 남아 있었다. 방과 후 약속이라도 한 듯 동산에 오르던 우리는 이제 각자 서로 다른 삶을 살아가며 자신만의 미래를 꾸려가고 있었다.

이미 어엿한 어른의 모습으로 살아가는 아이들도 많았지만, 여전히 어릴 적 그때처럼 어른이 되는 일에는 아무런 관심이 없는 것처럼 살아가는 아이들도 많았다. 그리고 날마다 아지트에서 시간을 때우던 그때의 나는 먼 훗날 이렇게 오래도록 눈에 띄지 않은 모습으로 뭔가를 준비만 하는 사람으로 살게 될 줄은 몰랐는데, 생각보다 인생은 아지트 속 장난과는 너무도 달랐다.

문득 어린 시절 그렇게 흥미롭게 여겼던 매미의 삶이 떠올랐다. 그때는 오랜 세월을 견뎌 마침내 날갯짓을 시작하는 모습이 안쓰럽긴 해도 아름답다고 생각했다. 하지만 지금은 땅속의 삶 전부를 쏟은 탈피의 결과가 그토록 짧고 치열한 생이라면, 그 용감한 비상을 무작정 응원하진 못하겠다.

어쩌면 지금의 내가 여전히 뭔가를 갈망하는 상황이라 그럴까. 어느새 예전과는 달리 땅속에서 안전하고 평온하게 생을 보내는 유충에게 더 많은 공감과 연민이 차오른다. 매미도 환경에 따라 성충이 되는 시기가 다른 것처럼, 사람도 저마다의 속도로 어른이 되어가는데, 세상은 평균의 주기에 속하지 않으면 오답을 제출한 사람처럼 대한다.

진짜의 나를 찾아 방황하는 시간이 어떻게 모두 비슷할 수 있을까. 날개가 덜 자란 채 떠밀려 나온 바깥세상에는 누구도 우리의 삶을 책임져 주지 않는데. 어른의 모습으로 살아가는 나도 예전보다는 용감해졌다고 믿었는데, 실은 처음 매미 껍질을 만져봤던 오래전 그날보다 오히려 겁이 많아져서 잔뜩 웅크린 채 새로운 도전을 망설이고 있다. 남들처럼 몸이 커져 나도 나비가 된 줄 알았지만, 알고 보니 여전히 땅속에서 고개만 내밀고 있었다.

이제 더는 서두르지 않으려 한다. 어차피 세상은 나의 날개가 다 자라길 기다려주지 않을 테니, 차라리 눈을 감고 나만의 속도와 시기에만 집중하려 한다. 그렇게 언젠가 준비가 끝나면, 그때 천천히 선택해도 괜찮지 않을까. 날개를 펼치고 날아오를지 혹은 날개를 접고 두 발로 걸을지. 남들이 원하는 선택 말고 진짜로 내가 원하는 삶을 나만의 방식으로 선택하고 싶다.

어쩌면 그게 진정한 어른의 용기일지도 모른다. (2021)

3부

기대어 나란히

외로운 마음

오래전 작가의 꿈을 포기하고 취업을 준비하던 20대 후반 시절. 나는 여의도에 있는 영어 회화 센터에 다녔다. 남들보다 취업 준비가 늦은 만큼 당장 급한 건 토익 점수였지만, 토익 학원 대신 회화 센터를 등록한 건 나름의 고집 때문이었다.

아무리 노력해도 토익 점수가 적당한 수준에 머물러 있었고, 그 이상의 점수를 취득하려면 결국 취업 영어가 아닌 진짜 영어를 잘하는 수밖에 없다고 믿었다.

그렇다고 이제 와서 해외로 어학연수를 가기에는 시간도 비용도 마땅하지 않았는데, 다행히도 등록한 학원 센터 내에서는 오직 영어로만 대화해야 한다는 규칙이 있었다. 게다가 학원에서 운영하는 다양한 '소셜 프로그램'을 통해 회원들과 온종일 대화를 나누며 친해질 수 있다니. 취준생 신분인 내게는 가장 합리적이고 매력적인 선택과 투자였다.

그렇게 하루 대부분의 시간을 센터에서 보냈다. 원어민 강사와의 정규 수업도 큰 도움이 되었지만, 그 수업에서 학습한 걸 곧장 사람들과 연습할 수 있는 '프리토킹'이 투자할 시간이 많은 내게는 더 적합했다. 프리토킹의 방식은 이름처럼 단순했다. 대화를 나누고 있는 회원들 틈에 용감하게 합류하거나, 합류할 회원을 진득하게 기다렸다가 대화를 시작하는 것.

센터는 늘 회원들로 북적여서 대화 상대가 부족한 적은 없었다. 다만 환경보다는 회원의 열정과 성격에 따라서 수업과 프로그램에 대한 만족도가 천차만별이었다. 다행히도 나는 영어를 사용할 때는 한국어를 쓸 때와는 정반대의 성격이 되어서 무척 외향적이고 쾌활한 사람으로 오해받곤 했는데, 구사하는 언어마다 다른 문화를 학습한 새로운 인격처럼 변한다는 게 나조차도 낯설었다.

그러나 아무리 다른 인격이 된다고 할지라도 내향성에 깊은 뿌리를 둔 나로서는 결코 범접할 수 없는 부류의 사람이 있었다. 그건 바로 극한의 외향성에 상냥함까지 겸비한 사람인데 우연히 센터 회원 중에 그런 사람이 있었다. 이름은 헨리. 40대 중반의 미혼 남성. 여의도 증권사 직원. 이미 센터의 수많은 회원과 강사를 통틀어 헨리와 친하지 않은 사람이 드물었다. 누구든 헨리의 모습을 조금만 살펴보면 그 이유에 대해 충분히 고개를 끄덕일 것이다. 헨리는 센터에 입장하는 순간부터 마주치는 모두에게 밝게 인사를 건넸고, 상대방과 나눴던 작은 대화를 잊지 않고 기억하는 사람이었다.

게다가 세련된 옷차림부터 출중한 영어 실력까지 두루 갖춰 프리토킹 시간마다 헨리 주변은 남녀노소를 불문하고 늘 무수한 회원들로 북적였다.

그 정도면 헨리의 인기를 설명하기에 충분했지만 결정타는 따로 있었다. 헨리는 회원들과 센터 내에서의 관계를 넘어서 한 달에 한 번씩 친한 강사들과 회원들을 홈 파티에 초대해 더욱 돈독한 관계로 지냈고, 파티에 다녀온 사람들은 모두 그날의 경험에 대해 극찬을 마다하지 않았다.

당시의 나는 못난 질투였는지 헨리가 나와는 너무 다른 사람인 것 같아서 의도적으로 대화를 피하고 있었지만, 머지않아 내게도 그날이 찾아왔다. 우연히 프리토킹 시간에 헨리가 다른 회원들과 더불어 내게도 홈 파티 초대권을 건넨 것이었다. 문자메시지로 전송받은 깔끔한 디자인의 초대권에는 주소와 약도까지 친절히 적혀 있었다. 친한 회원들은 모두 헨리의 홈 파티에 참여할 생각에 들뜬 듯했지만, 나는 왠지 마음이 내키지 않았다.

그러나 정신을 차려보니 어느새 나는 헨리의 아파트 앞이었다. 한 손에는 작은 쿠키 선물 세트를 든 채 가장 먼저 도착해 친한 회원들을 기다리고 있었다. 버스를 타고 마포대교를 건널 때마다 바라본 쌍둥이 빌딩이 바로 여기였다니.

잠시 후 열댓 명의 사람들과 함께 건물로 들어섰다. 35층에 도착한 엘리베이터의 문이 열리자 헨리가 밝게 웃으며 우리를 마중했다. 학원에서는 늘 말끔한 정장 차림이었는데 오늘처럼 편안한 차림의 헨리는 평소보다 몇 살은 더 젊어 보였다. 헨리의 환대를 따라서 거실로 발걸음을 옮겼을 때 가장 먼저 시선을 사로잡은 건 다름 아닌 한강이었다.

우와. 같이 온 회원들이 동시에 감탄을 연발했다. 거실에서 한강이 이렇게 가깝게 보일 수도 있구나. 저기 멀리 우리 회화 센터 건물도 보여.

한동안 경치를 감상하던 우리는 어느새 앞치마를 두르고 나타난 헨리를 도와 저녁을 차렸다. 요리는 헨리가 이미 준비해 둔 상황이었고, 우리는 단지 예쁜 그릇에 담아 식탁으로 옮기기만 하면 됐다. 어느새 긴 원목 테이블은 파스타, 리조토, 스테이크, 와인 등등 식음료로 가득 찼고, 헨리의 환영 인사와 함께 식사를 시작했다. 영어로만 대화를 나누던 사람들과 한국어로 대화를 나누니 다들 갑자기 공손해졌다. 아마 학원에서 남녀노소 불문하고 서로 영어 이름을 부르며 장난치던 사람들이 갑자기 낯선 호칭과 존댓말을 쓰려니 어색했을 것이다. 그럼에도 모두 금세 적응해 다양한 대화를 나눴는데, 나는 그때 처음으로 헨리가 교포이고 가족들은 모두 미국에 살고 있다는 것도 알게 되었다.

그런데 우리가 식사를 즐기는 동안 헨리는 거의 자리를 지키지 않았다. 다만 술을 마시지 못하는 내 앞에 어느새 탄산수와 주스가 놓여 있었고, 테이블 위 부족한 음식과 술도 곧장 채워졌다. 그런가 하면 식은 음식은 다시 따뜻하게 데워졌고, 빈 그릇은 쌓이지 않고 금세 사라졌다. 헨리는 우리가 눈치채지 못할 만큼 조용하고 섬세하게 움직이며 자리를 정돈하고 있었고, 우리의 대화에 합류하기보다는 주방과 식탁을 오가며 가만히 공감하거나 최소한만 대화에 참여할 뿐이었다.

마치 우리의 시간을 방해하지 않겠다는 것처럼, 더 필요하거나 불편한 건 없는지 슬쩍 묻기만 하면서.

실은 나는 헨리가 분위기를 이끌어갈 줄 알았다. 우리를 초대해 대화를 주도하고 눈길을 끌며 학원에서처럼 인기 많은 주인공의 역할을 지켜낼 줄 알았다. 하지만 그런 모습은 비좁은 내 마음속에만 있었고, 현실 속 헨리는 오히려 우리를 그날의 주인공으로 만들어 주고 있었다. 의외의 모습에 나 또한 유심히 헨리를 관찰하고 있었는데, 그러다 문득 눈이 마주칠 때면 장난스레 윙크하는 헨리를 따라서 어느새 나도 모르게 웃고 말았다.

대화가 시간을 따라 밤처럼 깊어졌을 때 우리는 자리를 정리했다. 그런데 그릇을 나르고, 식탁을 닦고, 설거지를 하려는 우리를 헨리가 가로막았다. 보통은 가볍게 한번 거절할 뿐일 테지만 헨리는 진심으로 우리를 만류하고 있었다. 우리가 손에 든 행주를 내려놓을 때까지, 거품이 묻은 고무장갑을 벗을 때까지, 모두 나중에 자신이 정리하겠다며 우리를 양 떼처럼 현관으로 안내했다. 그리고는 슬리퍼를 신고 현관 앞에 나와서 우리의 이름을 한 사람씩 부르며 작별 인사를 건네는 것 또한 잊지 않았다.

곧 도착한 엘리베이터 안에서 우리는 문이 완전히 닫히기 전까지 헨리에게 손을 흔들었는데, 그 마지막 찰나의 문틈으로 바라본 헨리의 미소가 어딘가 조금 쓸쓸해 보였던 건 내 기분 탓이었을까.

혼자 집으로 돌아가는 지하철 창밖으로 다시 쌍둥이 빌딩이 보였다. 그동안은 단지 수많은 건물들 중 하나였는데, 앞으로는 쌍둥이 빌딩을 볼 때마다 자연스레 헨리가 떠오를 듯했다. 그리고 센터 회원들이 헨리를 좋아하는 이유도, 홈 파티에 다녀온 후 칭찬을 마다하지 않는 이유도, 이제는 알 것 같았다.

문득 우리가 떠난 넓은 집에 혼자 남은 헨리를 생각했다. 열댓 명이 머물던 흔적을 천천히 정리하는 헨리의 마음속 풍경은 어땠을까. 우리를 주인공으로 만들어준 헨리는 충만했을까 혹은 허전했을까. 센터에서는 무엇 하나 부족하지 않은 듯한 헨리를 단지 능력 좋고 마음 넉넉한 부자 아저씨라고만 생각했는데, 오늘은 어쩐지 헨리가 많이 외로운 사람처럼 느껴졌다. 직장과 학원에서의 모습으로 많은 사람들의 기대와 마음을 채워주면서도, 정작 헨리 자신의 마음을 채우는 일에는 어려움이 따랐을 것만 같았다.

우리처럼 헨리의 초대에 잠시 머물다 떠난 사람들이 많았을 텐데, 다만 그 찰나의 순간들만큼은 헨리의 마음도 사람의 온기로 따뜻했기만을 바랐다. (2023)

유쾌한 안녕

　친구의 스튜디오에서 프로필 촬영을 했다. 마침 퇴사 후 강연과 북토크 홍보용 사진이 필요한 시기에 촬영을 제안받아서 흔쾌히 스튜디오를 방문했다.
　카메라 앞에만 서면 얼굴에 부분 마취를 한 사람처럼 표정이 굳는 나는, 당일 아침부터 유튜브 영상을 따라 하며 얼굴 근육을 풀어두려 애썼다. 입에 바람을 잔뜩 넣고 가글을 하듯 이리저리 움직여도 보고, 얼굴이 붉어질 정도로 근육을 손바닥으로 뭉개듯 마사지를 했지만, 어차피 모든 노력은 헛수고가 될 것이라고 과거의 내가 무심히 고개를 가로저었다.

　예전에도 동료 사진작가의 제안에 생애 첫 프로필 촬영을 했었지만, 나는 승무원이라는 직업이 무색할 만큼 잘못 조립된 로봇처럼 삐걱대는 몸짓과 표정으로 동료를 당황하게 만들었다. 다행히 동료가 나를 아이 다루듯 어르고 달래서 가까스로 엷게 미소 띤 사진을 건졌지만, 선의와 친절을 민폐로 되갚은 듯해서 여전히 마음의 작은 짐으로 남아있다.

그래서 이번에는 꼭 온화한 표정으로 카메라 앞에 서고 싶었다. 스튜디오 촬영이 일상인 사람들은 언제든 다음을 기약할 수 있겠지만, 나처럼 전문가의 손길을 빌린 촬영은 증명사진 정도뿐인 사람은 이 기회를 놓칠 수 없으니까. 게다가 퇴사의 여운이 사그라지기 전에, 한 벌 남겨둔 유니폼이 더는 몸에 맞지 않기 전에, 마지막으로 기념사진을 남겨두고 싶기도 했다.

모처럼 옷장에 잠들어 있던 유니폼을 깨웠다. 퇴사할 때는 모든 유니폼을 회사에 반납하는 게 규정이었지만, 분실과 오염을 핑계로 상태가 괜찮은 한 벌을 몰래 챙겨뒀다. 아무래도 지난 10년의 청춘을 쏟은 직업인데 그 시절의 상징인 유니폼 한 벌 정도는 어떻게든 간직하고 싶었다.

그런데 퇴사 후 활동량이 눈에 띄게 줄어든 탓인지 재직 때는 넉넉했던 유니폼이 지나치게 딱 맞았다. 자칫 조금 더 늦었다면 유니폼은 촬영은커녕 영원히 관상용으로만 남겨질 뻔했다.

어깨에 견장을 채우고, 가슴에 명찰과 배지를 익숙하게 끼워넣으니, 어쩐지 잠시 후 비행을 떠나는 승무원의 마음가짐이 되살아나는 듯했다. 친절한 미소와 단정한 태도를 유지하려 애쓰던 날들의 기억. 과거의 태도와 습관을 소환하는 가장 빠르고 정확한 방법은 그 시절을 상징하는 옷을 입어보는 일인지도 모른다. 마치 전역한 지 오래된 예비군들이 군복을 입는 순간 다시 껄렁해지는 것처럼.

친구의 스튜디오는 널찍하고 깔끔했다. 친구와 보조 작가가 유독 살갑게 대해줘서 촬영 전에 적당히 긴장을 풀었고, 우연히 보조 작가도 같은 동네 사람인 덕분에 마음의 벽이 한층 더 허물어졌다.

그러나 나는 역시 나일 수밖에. 카메라와 조명 앞에 선 나는 금세 로봇처럼 굳어버렸지만, 두 작가의 유머 감각으로 간신히 자물쇠 같던 표정을 해제할 수 있었다. 도대체 방송인들은 어떻게 수많은 카메라와 사람들 앞에서도 자유자재로 표정을 바꿀 수 있는 걸까. 역시 그들이 사는 세상은 결코 아무나 쉽게 접근할 영역은 아닌 듯하다. 문장 뒤에 몸과 마음을 숨길 수 있는 나는 얼마나 다행인지.

재직 때는 유니폼을 입고 큰 동작으로 운동을 할 수도 있었는데, 이제는 의자에 걸터앉은 자세조차 버거웠다. 갑자기 바지의 허벅지가 터져버릴까 봐 불안했고,

목 끝까지 채운 단추와 넥타이가 뱀이 똬리를 틀 듯 내 몸을 동여맨 느낌이 갑갑했다. 마침내 촬영을 끝내고 혼자 모니터 앞에서 사진을 고르며 생각했다. 유니폼이 원래 이렇게 안 어울렸었나. 캐주얼 차림으로 찍은 사진은 그래도 괜찮은 편이었는데, 유니폼 사진은 마치 친한 승무원의 유니폼을 억지로 뺏어 입은 사람처럼 보였다. 그 모습에 웃음이 나서 사진 고르는 것도 멈춘 채 한참을 바라봤다.

10년을 줄곧 입어 온 유니폼인데 이제 정말 나의 옷이 아닌 그들의 옷이 되었구나. 그때의 내가 아무리 방황했을지라도 이미 그때를 거쳐온 나는 단지 웃으며 추억할 뿐이었다.

친구가 흔쾌히 제안해 준 프로필 촬영 덕분에 혹시 모를 일말의 미련조차 말끔히 떠나보낸 기분이었다. 그렇다면 앞으로는 그 시절을 오직 아름답게만 추억하면 되지 않을까. 돌아보면 미움도 슬픔도 많았지만, 그 시절은 결국 내 삶의 축복이었구나. 축복이 아니래도 살면서 축복으로 만들면 그만이겠지. 사진 속 지금의 내가 이렇게 행복하게 웃고 있는데.

이보다 유쾌한 안녕이 또 있을까. (2024)

시동 장치

　동력을 상실한 일상에 숨을 불어넣는 일. 휴식과 여유가 필요한 일상이 있다면 강박과 긴장이 필요한 일상도 있다. 배터리는 과열로도 방전되지만, 장시간 방치해도 방전되는 것처럼 다시 일어서 균형을 잡으려면 저마다 각기 다른 숨결이 필요하다.
　나의 일상은 글 쓰는 시간과 수업하는 시간으로 새롭게 구성되었다. 모두 열망 가득하고 행복한 일이라 아무런 문제도 발생하지 않을 듯했는데, 오히려 문제는 그 지점에서 발생했다.

　일말의 긴장과 자극도 없는 상황 속의 나는 맑은 날의 백사장을 걷는 것처럼 평온하기만 했다. 걸음을 서두르거나 늦출 이유도, 재촉하거나 만류하는 사람도 없는 곳에서 나는 처음의 열망을 잃고 느슨하게 배회할 뿐이었다. 너무 늦기 전에 지독히도 한가한 일상에 자극과 변화가 필요했다.

수요일 하루만 진행하던 수업에 익숙해지자 비축된 에너지가 좀처럼 소모되지 않았다. 그렇게 화요일 수업을 추가해도 에너지는 여전히 남아있었고, 자연스레 온라인 수업까지 진행하며 일주일의 절반을 수업에 할애하게 되었다.

그리고 그 여분의 시간에 나의 일상을 다시 쪼개어 글을 쓰고 책을 만들기 시작했다. 버겁지 않다면 거짓말이겠지만, 아직 회사 시스템이 익숙한 나는 과도한 책임과 의무가 동반돼야 비로소 일상에 활력이 생겼다. 직장 생활 중에도 해마다 책을 출간했는데 퇴사 후 지금 수준의 부담은 괜찮지 않을까. 책임과 의무가 생긴 나는 우선 쫓기며 달릴 수밖에 없고, 그 시간 속에서 다시 채찍을 들고 글을 쓴다. 시간이 없다는 말을 반복하며 최대치의 몰입과 생산을 향해 전력으로 질주하면서.

모든 쫓김은 불안을 동반하지만, 모든 불안이 위태롭진 않다. 회사에 다닐 때도 쫓겼고, 이제는 내가 선택한 일과 계획에 쫓기고 있지만, 그럼에도 지금은 위태롭기보다는 오히려 불안과 나란히 달리며 공생의 균형을 익히고 있다.

언젠가 누군가 내게 이런 말을 했다. 세상에는 불안과 강박에 사로잡혀야만 사는 사람도 있구나. 그 말을 듣는 순간 가장 깊은 곳의 비밀을 들킨 것처럼 부끄러웠다.

하지만 그 말처럼 나를 정확하게 설명하는 말도 없었다. 쫓기는 상황 속에 나를 가두기. 조금 이상한 방식의 시동 장치이지만 그 상황이 동력을 상실한 나를 심폐소생처럼 격렬하게 되살린다면 그것으로 충분하지 않을까. 각박하고 초조한 일상이 될지라도 일단 나는 살아있다는 감각이 절실하므로 당분간 지금의 생활 방식을 유지해야겠다.

다른 사람들도 그럴까. 무엇이든 괜찮으니, 남들이 뭐라든 괜찮으니, 모두 나만의 시동 장치 하나쯤은 비밀처럼 간직한 채 살고 있을까. 생의 감각을 되찾을 수만 있다면, 박동을 잊은 일상에 뜨거운 숨을 불어넣을 수만 있다면, 그래서 상실과 체념보다 의미와 희망을 품고 다시 내일을 꿈꿀 수만 있다면, 그 시동 장치를 선택하지 않을 이유는 없겠다.

물론 자신의 몸과 마음을 지나치게 해치지 않는 선에서. (2025)

산책과 헬스

　산책을 좋아하는 사람이 되었지만 장마철 꿉꿉한 날씨와 마주하면 어느새 다시 산책을 기피하는 사람으로 되돌아온다. 물론 예전처럼 산책하는 시간마저 아까워서 강박적으로 생산적 활동에 매달리는 건 아니고, 단지 피부에 달라붙는 습한 공기의 감촉을 도무지 견뎌낼 수 없을 뿐이다.

　차라리 빗속의 산책이라면 조금 청승맞을지라도 기쁜 마음으로 흔쾌히 공원을 걸었을 텐데, 비가 쏟아질 무렵의 산책은 물에 젖은 솜뭉치를 어깨에 짊어진 듯 발걸음부터 무겁다. 나는 습한 날씨에 극한으로 취약한 사람이다. 원래도 집 밖을 좀처럼 나서지 않는 편이지만, 요즘처럼 습도가 높은 날이면 특별한 일정이 없는 이상 스스로 집에 감금된 사람처럼 현관 주변도 얼씬하지 않는다.
　하지만 이런 날씨일수록 몸은 찌뿌둥하다. 걷고 싶

은 공원은 이미 습기가 점령하고 있으니 대신 에어컨 바람으로 보송한 헬스장을 간다. 트레드밀을 평소보다 오래 걷기도 하고, 스트레칭을 평소보다 공들이기도 하면서 산책하지 못한 하루를 보상받으려 해보지만, 역시나 관찰과 사유가 결여된 걷기는 산책이 아닌 운동이다.

산책이 소란한 생각을 천천히 정화하고, 헬스는 생각의 여백을 빠르게 확보한다는 점에서 산책과 헬스는 서로 대체 불가한 동시에 상호보완적이다. 건강이란 몸과 마음 한쪽에만 전념한다고 빠르게 달성할 수 있는 속도전이 아니고, 오히려 몸과 마음을 골고루 보살펴야 오랫동안 함께 이끌어갈 수 있는 협력전에 가깝다.

예전에는 헬스장에서도 혼자 시간에 쫓겨 늘 한 시간 이내에 운동을 끝내곤 했다. 그래야만 얼른 집으로 돌아가서 원고 작업도 하고, 내일의 비행 근무도 준비할 수 있었으니까. 그러나 이제 더는 수시로 시간을 확인하지 않는다. 단지 몸이 원하는 만큼 운동량을 조절할 뿐 억지로 속도를 높이거나 늦추지 않는다.

그렇게 운동을 모두 끝낸 후 시계를 확인하면 생각보다 많은 시간이 흘러있다. 과거의 나였다면 분명 시간이 증발했다고 표현했겠지만, 이제는 시간을 축적한다고 표현한다. 현재만 생각해도 건강을 잃지 않으면 시간을 절약하는 셈이고, 미래를 생각하면 사랑하는 일들을 더 오래 지속할 수 있는 튼튼한 골조를 마련하는 것일 테니까.

어쩌면 그것은 내게 주어진 시간의 효용을 높이는 일과도 같아서 결국 상대적인 시간의 축적과 확장으로 연결된다.

세상에는 시간이 오래 걸릴수록, 눈에 보이지 않을수록, 그리고 반드시 그래야만 온전히 응축되는 기운과 태도가 존재한다. 그렇게 체화된 성정과 체질은 훗날의 결실에도 겉으로 드러나기보다는 묵묵히 일상에 묻어날 뿐이다. 산책과 헬스도 오늘 당장 할애한 시간만큼 내게 눈에 띄는 효과를 안겨주진 않아도, 그 시간들이 쌓아 올린 몸과 마음의 내구력이 언젠가 내게 찾아올 위기의 순간을 최대한 막아줄 것이라 믿는다.

꿉꿉한 날씨를 핑계로 오늘도 헬스장 트레드밀 위를 달리며 아쉬움을 달랬지만, 머지않아 다시 산뜻하게 공원을 걷는 상상을 하며 기나긴 장마의 끝을 기다린다.
(2024)

제한 시간

　오랜만에 작업실로 찾아온 친구가 연애 고민을 털어놨다. 새로운 인연을 만나고 싶어서 요즘 소개팅을 한다는데, 자꾸만 자신도 모르게 과거의 연인과 비교하게 되어 속상하다고.

　그러다 친구가 최근 재밌는 걸 봤다며 넌지시 유튜브 영상을 찾아 재생했다. 영상의 제목은 이름부터 흥미로운 '옥수수밭 소개팅'. 혹시 이번에는 무인도 대신 옥수수밭에서 촬영한 새로운 연애 리얼리티 프로그램인 걸까.

　불쑥 시작된 인트로 화면에 이런 문장이 커다랗게 새겨졌다.

　'어느 인디언들은 옥수수밭에서 성인식을 치른다고 한다. 자신이 가장 좋은 옥수수라고 생각하는 것을 한 개만 골라 따면 되는데, 일단 선택하면 다시 뒤로 돌아갈 수 없고, 더 좋은 옥수수가 나타나도 바꿀 수 없다.'

곧이어 한 신청자가 화면에 등장해서 테이블 좌석에 앉는다. 맞은편 좌석은 비어 있고 그 너머에 긴 블라인드가 쳐져 있다.

규칙은 이렇다. 신청자는 블라인드 뒤에서 차례로 등장하는 이성과 마주 앉아 일대일로 대화를 나눈다. 지금 마주한 이성을 선택하거나 다음 이성으로 넘어간다. 단, 아쉬워도 뒤로 돌아갈 수 없고, 블라인드 뒤 이성의 숫자도 알 수 없다.

제한 시간은 한 시간. 이제 소개팅이 시작된다.

평범한 신청자의 입장이 되어 소설처럼 상황을 재구성해 본다. 누구의 입장도 아닌 오직 상상과 재미를 기반으로.

블라인드가 열리고 1번 이성이 나온다. 웃는 얼굴과 목소리가 매력적이고 말도 제법 잘 통한다. 처음부터 느낌이 좋다. 앞으로는 얼마나 더 괜찮은 사람들이 나올까. 일단 넘어간다. 2번 이성이 나온다. 외모가 내 취향은 아닌데 직군이 비슷하다. 왠지 일적으로 많은 고민을 나누며 발전할 수 있겠는데. 그치만 외모도 중요한걸. 다시 넘어가자.

5번 이성. 첫눈에 반할 정도의 외모다. 머리도 옷도 예쁘게 잘 어울린다. 이런 사람도 소개팅에 나오는구나.

그런데 최근에 직장을 그만뒀댄다. 나는 얼른 결혼 상대를 만나고 싶은데. 너무 아쉽지만 넘어간다. 7번 이성. 연애관을 물었더니 나와 정반대. 그래도 너무 바로 넘어가면 좀 그런가. 모르겠다. 일단 패스.

남은 시간 30분.

9번 이성. 말수는 적은데 은근 재밌다. 시간만 넉넉하면 대화를 더 나눠보고 싶다. 그래도 다시 넘겨보자. 아직 시간은 많으니까. 근데 자꾸만 아까 5번 얼굴이 생각난다. 그 사람을 선택할 걸 그랬나. 퇴사했어도 금방 다시 취직할지 누가 알아. 아니야. 내가 지금 외모만 보고 사람 만날 수는 없지. 10번 이성. 안 좋게 헤어진 전 연인을 닮아서 웃음이 나오지 않는다. 어쩌지. 죄송합니다.

15번 이성. 전문직에 취미도 나랑 같다. 안정적이고 즐거운 생활이 가능하지 않을까. 연애할 사람 따로 결혼할 사람 따로 있다던데. 어쩌면 나는 이런 사람을 기다렸던 걸까. 인정할 건 인정해야지. 그런데 갑자기 결혼하면 아기는 최대한 많이 낳고 싶다네. 나는 딩크가 좋은데. 아. 그럼 넘어가는 수밖에.

남은 시간 15분.

17번 이성. 큰일이다. 나랑 잘 맞는 사람들은 전부 앞쪽에 몰렸던 걸까. 19번 이성. 뒤에 남은 분들도 만나볼게요. 21번 이성. 괜찮으세요? 나를 보자마자 이렇게 묻는다. 시간이 없어서 초조하다는 걸 들켰나. 그러더니 충분히 이해하니 부담 갖지 말고 편하게 생각하란다. 내 눈을 바라보고 다정하게 말하는데 이상하게 마음이 차분해진다. 나이도 직업도 아직 모르는데 일단 마음은 편안하다. 지나간 사람들은 다 잊고 선택할까. 다른 건 나중에 알아가면 되잖아.

혹시 지금 내가 시간에 쫓겨서 너무 섣부른 걸까. 아까도 이렇게 다정한 사람은 있었는데. 왠지 선택해도 금방 후회할 것 같다. 그래. 10분 남았으니 몇 명은 더 만나볼 수 있겠지. 감사했습니다. 다음 분 얼른 나와 주세요.

다음 이성의 등장이 늦어진다. 수시로 열렸던 블라인드가 미동조차 하지 않는다. 1분 정도 시간이 흘렀을까. 갑자기 블라인드가 걷힌다. 그리고 그곳에 더는 아무도 남아있지 않다.

옥수수밭 소개팅 종료.

아쉽지만 담담하다. 차라리 모두와 마주하고 종료되어 후련하다. 기억에 남은 사람은 있지만 만약 그 사람을 선택했어도 그 또한 후회와 아쉬움이 남았을 것 같다. 다른 소개팅 신청자들은 어땠을까. 누군가를 선택했을까. 아니면 나처럼 아무도 선택하지 못하고 혼자 남았을까.

　나중에 알고 보니 나와 같은 선택을 한 사람도 있고, 나와는 달리 가까스로 누군가를 선택한 사람도 있다. 다만 한 사람을 선택한 뒤에도 블라인드는 걷혔고, 그 뒤에서 아직 기다리고 있던 이성들을 확인할 수 있었다고 한다. 아쉽게도 그들 중에는 자신의 이상형과 완벽하게 일치하는 사람도 있었다는데.

　하지만 물론 한 번 선택한 이상 취소할 수는 없다. 결국 선택의 유무와는 상관없이 각자의 아쉬움을 간직한 채 소개팅은 종료되었다.

　영상을 다 본 후 친구와 다시 이야기를 나눴다. 과연 우리였다면 어땠을까. 저 상황이라면 아마도 우리 또한 누구도 선택하지 못했을 거라는 결론을 내렸다. 그런데 만약 애초부터 블라인드 없이 우리가 한 시간 동안 만나게 될 모든 이성들의 숫자와 정보를 확인하고 시작했다면, 그때는 분명 누군가를 어렵지 않게 선택했을 거라고 고개를 끄덕였다.

　그러면서 한편으로는 마음이 쓸쓸했다. 현실에서는 결혼 정보 업체나 소개팅 프로그램에 가입하지 않는 이상 우리에게 옥수수밭 소개팅 같은 상황은 절대 발생하지 않을 테니까.

그러다 문득 무라카미 하루키의 단편 소설 『4월의 어느 맑은 아침에 100퍼센트의 여자를 만나는 것에 대하여』 속 이야기가 떠올랐다.

마침 작업실 책장에 그 소설이 꽂혀 있어서 친구에게 건네며 대략적인 줄거리를 들려줬다.

4월의 어느 맑은 아침 도쿄 거리를 걷던 남자가 반대편에서 걸어오는 여자에게 알 수 없는 호감을 느끼지만 결국 망설이다 아무런 말도 건네지 못한다. 그 상황을 후회하며 뒤늦게 이렇게 시작하는 이야기로 말을 걸어야 했다고 생각한다.

옛날 옛적에 소년과 소년이 살았다. 그들은 세상 어딘가에는 자신과 100퍼센트 똑같은 사람이 있을 거라 굳게 믿는다. 어느 날 문득 그들은 길모퉁이에서 우연히 마주친 후 서로가 찾던 100퍼센트의 사람이라고 확신한다. 그러나 공원 벤치에 앉아 끝없이 대화를 나누던 그들에게 '극히 사소한 의심'이 파고든다. 이렇게 간단하게 꿈이 실현되어 버려도 좋은 것일까 하는. 그렇게 그들은 일단 시험 삼아 헤어지기로 한다. 만약 우리가 정말 100퍼센트의 연인이라면 언젠가 분명 다시 만나게 될 테니 그때는 바로 결혼하자는 말과 함께.

하지만 훗날 그들은 결국 악성 인플루엔자에 걸려 옛 기억을 모두 잃게 되고, 오늘처럼 4월의 어느 맑은 아침 도쿄의 거리에서 서로를 단지 스쳐 지나간다는 조금은 슬픈 이야기.

옥수수밭 소개팅도, 하루키 소설 속 이야기도 결국 연애를 비롯한 삶의 모든 선택을 앞둔 사람의 심리를 반영한 인생의 축소판 같았다. 혹시나 하는 '극히 사소한 의심'이 내게 찾아온 행운을 흘려보내고, 결국 아무것도 선택하지 못하게 하는 것처럼. 혹시나 내 옆의 이 사람이, 혹시나 내가 몸담은 직업이, 혹시나 내가 어제 계약한 집이, 알고 보니 잘못된 선택이라면 어떡하지.

조금만 더 기다리면 100퍼센트까지는 아니더라도 지금보다 10퍼센트 정도는 더 탁월한 선택을 할 수 있을 것 같은데. 어쩌면 그 마음이 사람을 여전히 한곳에 정착할 수 없게 만드는지도 모르겠다.

궁금해서 검색해 보니 옥수수밭 성인식은 실제 인디언 전통으로 확인된 바는 없는 단지 창작된 우화라고 한다. 아마도 인생의 선택과 미련을 비유적으로 설명하기 위해 수많은 콘텐츠 속에서 옥수수밭 소개팅처럼 조금씩 변형 및 각색되어 전해지는 이야기가 아닐까. 그만큼 하루도 미리 살거나 다시 살지 못하는 삶에서, 다른 수많은 가능성을 묻어둔 채 단 한 사람만을 선택한다는 건, 언뜻 평범한 일처럼 보이지만 실은 대단히 용기 있는 사람만이 가능한 일이다. 우유부단한 사람은 선택을 망설이기만 하다가 결국 모든 기회를 흘려보낸 채 제한 시간이 끝나기 마련이니까.

친구는 하루키 소설을 앉은 자리에서 금세 다 읽었다. 그리고 다시 눈이 마주친 우리는 동시에 한숨을 내뱉었다. 연애도 어렵지만 인생은 정말 더 어렵구나.

무엇이든 우리에게 얼마나 많은 선택의 기회가 남아있을진 모르겠지만, 더는 과거나 미래를 떠올리며 망설이기보다는 이미 선택한 것부터 책임지는 연습을 해보자고. 그러다 보면 다음의 선택은 조금 더 용기가 생길지도 모르니까. 그게 우리가 살아가는 지금을 100퍼센트에 가깝게 만드는 유일한 방법이자 선택일 것이라고.

물론 쉽진 않겠지만 우리는 그렇게 믿기로 했다.

인연은 생각보다 더 적을지도 모르고,
인생은 생각보다 더 짧을지도 모른다. (2024)

밑줄의 형태

중고 책에는 이전 사람이 남겨둔 밑줄이 가득하다. 이따금 중고 서점에 책을 정리할 때 밑줄이 많을수록 책값도 깎인다는 사실에 실망할 수도 있겠지만, 밑줄을 긋는 일은 결국 책을 아끼는 마음에서 비롯된다.

그래서 중고 서점에 가면 새 책처럼 깨끗하게 관리된 책들보다는 오히려 가장 낡고 오래된 책들이 모여있는 책장을 주로 살펴본다. 세월에 노출된 종이는 저절로 누렇게 변색되는데, 손길이 닿으면 더욱 빠르게 본래의 모습을 잃는다. 그러나 그 모든 변화가 결국 사람의 흔적이기에, 유독 그 책장과 헌책 냄새에 마음이 이끌려 오래도록 머문다.

특별히 찾는 책이 없어도 그 책장 앞에 서면 자연스레 책 한 권을 빼내게 된다. 책의 장르와 작가의 인지도와는 상관없이 손에 잡히는 대로 펼쳐보면, 첫 장을 넘기기도 전에 누군가 표지 구석에 적어놓은 부제목을 발견하거나, 감상이 빼곡히 적힌 색색의 포스트잇을 마주하기도 한다. 어떤 문장에는 수험생처럼 여러 번 덧댄 밑줄에 종이가 금세 찢길 듯 얇아져 있고, 심지어는 페이지가 뜯긴 흔적들까지 얄밉기보다는 오히려 정겹게 느껴진다.

밑줄의 형태는 참 다양하다. 흐릿한 연필로 조심스레 긋거나, 자를 댄 듯 반듯하고 일정하게 긋거나, 생소한 단어에만 연두색 형광펜을 칠하기도 하며, 게다가 문단마다 빨간 색연필로 커다란 동그라미를 그려 놓기도 한다.

한번은 목차부터 마지막 페이지까지 온통 밑줄로 뒤덮인 책을 본 적도 있다. 가끔 책을 읽다 보면 밑줄을 긋는 의미가 무색할 만큼 모든 문장에 마음이 전율할 때가 있다. 그럴 때 나는 차라리 펜을 내려놓고 온전히 독서에 몰입하는 편인데, 아마도 그 사람은 나와는 달리 작심하고 펜을 놓지 않기로 결심했던 것 같다. 방식은 달라도 모든 문장을 통째로 기억하고 싶었던 마음은 별반 다르지 않았을 것이다.

중고 책의 또 다른 즐거움은 생활의 흔적을 발견하는 일이다. 페이지를 넘기다 보면 밑줄과 함께 이따금 각양각색의 얼룩들이 모습을 드러낸다. 커피, 주스, 와인 같은 색이 진한 음료의 흔적이 선명하게 남아있거나,

눈물인지 모를 투명한 물방울 자국이 번져 종이가 눅눅하게 눌어붙은 경우도 있다. 분명 누군가에게는 불쾌한 얼룩들일지도 모르지만, 책에 묻은 보통의 얼룩은 독서의 환경과 상황을 충분히 연상케 해서 크게 지저분하게 느껴지진 않는다.

게다가 때로는 놀라운 확률로 다음 사람을 위해 짧은 추천사를 적어둔 쪽지를 발견하기도 한다. 다음 사람을 생각하는 마음 자체만으로도 아름다운데, 쪽지에 은은한 향수 냄새까지 배어 있다면, 그 책에 유독 각별한 애정이 생긴다. 오래전 쪽지를 남긴 그 사람은 자신의 정성이 세월을 타고 지금의 독서 애호가에게 정확히 닿았다는 것을 알까. 그 흔적은 앞으로도 수많은 사람의 손길을 거치며 다정함이 절실했던 누군가의 마음을 데워줄 것이다.

언젠가는 밑줄 친 문장들을 꼭 다시 읽겠다는 다짐도, 그 문장처럼 살겠다는 각오도 생각처럼 쉽지는 않고, 게다가 그 책과 그 문장을 읽었다는 기억도 점차 희미해지겠지만, 삶은 이따금 그 책과 문장을 접하기 전과 후로 나뉜다.

비록 독서는 찰나의 순간일지라도, 심지어 그 효과를 증명하기도 어려울지라도, 분명 그 작은 책의 영향으로 생각의 방향과 깊이가 아주 조금은 달라졌을 것이다.

그렇게 예전과 똑같은 자극에도 조금 다르게 생각하고, 조금 다르게 반응하며, 마침내 그 작은 다름들이 쌓여 지금의 내가 되었을지도 모른다. 어쩌면 중고 책을 읽는다는 건, 나의 마음에 이전 사람들의 마음까지 합해져 그 효과가 곱절이 되는 셈이겠다.

독서 애호가라면 당연히 책을 깨끗이 읽어야 한다고 생각할 수도 있겠지만, 오히려 나는 책은 함부로 읽는 것이 그 책에 대한 존중과 예의라고 믿는다. 물론 책의 물성 자체를 망가뜨릴 함부로가 아니라, 독서의 열정을 분출하는 함부로에 한해서.

사람의 흔적을 내 손으로 직접 감각하며 페이지를 넘기는 일. 때로는 그 사람의 밑줄에 나의 밑줄을 덧대는 일. 그것은 특히나 지금 같은 인공지능 시대에도 여전히 종이책과 중고책을 포기할 수 없는 절대적인 이유가 된다.

그렇게 읽은 책은 알고리즘과 데이터가 도출한 정확하고 편리한 정보 습득과는 다르다. 그것은 이 세상에 나처럼 살아 숨 쉬었던 사람들과의 끊임없는 연결점이고, 가장 인간적인 방식으로 삶 전체에 관여하는 영향력이다. 눈치채지 못하거나 연결점을 찾지 못해도, 지금의 나를 구성하는 건 그동안 온 마음으로 읽었던 책들일 테니까.

그 믿음이 여전히 오늘의 나를 낡은 책 앞에서 연필을 쥐게 한다. 언젠가는 누구도 이런 방식으로 책을 읽지 않게 될지도 모른다.

하지만 지금은 아직 아니다. 그때까지는, 어쩌면 그때를 지나서도 내 삶은 내게 가장 익숙하고 소중한 방식으로 매듭짓고 싶다. (2024)

문턱 사이

늦은 밤 집으로 돌아오는 퇴근길. 골목은 고장 난 가로등이 즐비하다. 누군가 내 뒤를 쫓고 있는 불길한 느낌. 딱딱하고 조급한 발걸음 소리가 어두운 골목을 가득 울리며 가까워진다.

아마도 조금 전 버스정류장부터였을 것이다. 매일 밤 같은 시간에 내리는 나를 지켜보다 유난히 인적이 드물고 안개도 자욱한 오늘처럼 허술한 날을 기다렸을지도 모른다.

발걸음 소리는 나를 추월하지 않고 나의 걸음에 맞춰 간격을 유지한다. 일부러 적당한 장소를 고르는 것일까. 뒤돌아볼 용기도 뛰어갈 배짱도 없다. 조금만 더. 골목 어귀만 돌면 우리 집 현관이다. 몰래 발걸음을 재촉해보지만 소용없다. 사정거리에 들어온 새의 날갯짓이 가엾은 발버둥에 불과한 것처럼 나는 발걸음의 과녁을 벗어날 수 없다.

마침내 현관 문고리를 돌리는 순간, 둔탁한 구둣발 소리가 내 등 뒤에 멈춰 선다. 그리고 나지막이 내 이름을 부른다. 귀에 익은 목소리였지만 온몸이 얼어붙은 나는 뒤돌아볼 수 없다.

열린 문틈으로 부리나케 몸을 내던진 찰나, 누군가 문턱에서 나의 어깨에 손을 올린다. 연약하지만 단호한 손길이 내 몸을 천천히 돌려세우면, 낯익은 아이가 상처투성이가 된 채로 울먹거리고 있다.

나야. 네가 잃어버린 어릴 적 너의 꿈.

꿈이라니. 한때는 내게도 너와 함께했던 시절이 있었구나. 그때는 너만 있으면 충분하다고 믿었는데. 모두가 그건 한때의 장난에 불과하다고 비웃었고, 나도 그들처럼 꿈 대신 생활인의 삶을 선택한 지 오래되었다. 그런데 어째서 다시 나를 찾아온 걸까. 그동안 어떻게 지냈길래 이렇게 멍투성이로.

하지만 나는 모처럼 마주한 너를 섣불리 안아주지 못했다. 물론 너 또한 내게 함부로 안기지 않았고.

다만 우리는 말없이 서로를 한참 바라볼 뿐이었다. 침묵과 눈빛. 그것만이 우리의 지난 세월을 설명하는 유일한 언어였다. 너는 어둡고 서늘한 바깥에 서 있었고, 나는 환하고 따뜻한 현관 안에 서 있었다.

우리는 아무것도 아닌 문턱을 사이에 두고, 결코 건널 수 없는 강물을 앞에 둔 것처럼 아득했다.

너를 다시 만났는데, 단 한 번의 발걸음과 손길의 방향을 망설이다 이렇게 또 세월을 흘려보낸다. (2022)

가상의 영업장

독립출판사를 운영하지만 따로 영업장은 없다. 1인 출판사는 자신의 주소지로 사업장 등록이 가능하기 때문이다. 그래서 불가피하게 사무실을 마련할 상황이 발생하지 않는다면 현 상태를 유지할 수 있다.

영업장이 필요하지 않은 환경의 가장 큰 장점은 단연 월세 지출의 부담이 없다는 점이고, 그것은 향후 문화산업과 경제 상황 변동 시 최후의 안전망이 되어줄 것이다. 장점이 그뿐만은 아니다. 디지털 노마드처럼 어디서든 자유롭게 일할 수 있고, 원고부터 편집과 디자인까지 모든 업무를 혼자 도맡는 만큼 일적으로 다른 사람들과 부딪힐 일도 없다.

언뜻 보면 단점은 없고 장점만 존재하는 듯하지만, 그만큼 애초에 혼자 모든 업무를 감당하는 일과, 책 판매 수익으로 살아남는 일이 녹록지 않다는 방증인 셈이다.

그런데 업장이 없다는 점이 과연 도움만 될까. 요식업을 비롯한 서비스업은 고객과의 접점이 모두 업장에서 발생하고, 그 경험을 바탕으로 업장 및 브랜드의 이미지가 구축된다. 물론 요식업의 근본은 음식의 맛이겠지만 그와 더불어 업장 분위기, 가격 경쟁력, 직원 친절도 등등 다른 부분들도 충족된다면 고객 충성도가 더욱 높아져 자연스레 단골고객들이 형성된다.

그렇지만 출판업은 요식업과 업태부터 다르다. 출판업은 기본적으로 서비스업이 아닌 제조업에 속한다. 제작한 책이 온/오프라인 서점에서 자신의 존재를 알릴 수는 있지만, 제작자가 직접 구매 현장에 관여하는 부분은 적다.

물론 이따금 1인 출판사도 서비스업의 형태를 띨 때가 있다. 북페어에 참여해 불특정 다수의 독자에게 직접 책을 소개하고 판매하는 경우와, 강연과 수업을 마련해 대면 서비스를 제공하는 경우가 해당된다. 업장이 필수가 아닌 강점은 취하면서도, 고객과의 접점 형성이 어려운 약점은 보완하기 위한 전력인 셈이다. 그 경우들을 제외하면 출판업은 본래의 업태인 문화콘텐츠 제작과 유통에 전념한다.

하지만 오프라인 업장은 없어도 온라인 업장은 있다. 소셜미디어는 모두에게 공평하게 열려있고, 월세 지출이 없을뿐더러, 현실과 밀접하게 맞닿은 장소이다. 엄연히 개인의 사적인 공간이지만 제품 및 서비스를 홍보하고 직/간접적으로 구매와 연결된 공간이라면, 직접 대면하지 않을 뿐 업장의 성격을 띤다.

그런데 개인을 전면에 내세운 계정일수록 사적 공간과 영업 공간의 경계가 모호하다. 제작자 개인의 일상과 성정이 쉽게 표출된다는 특성은 양날의 검과도 같다. 제작자의 인지도와 온라인의 흐름을 타고 빠르게 영업이 확장될 수 있지만, 반대로 실수 한 번으로 빠르게 영업이 축소되거나 종료되기도 한다.

온라인 업장은 전적으로 브랜드의 철학과 이미지로 운영되어야 하는데, 때로는 개인의 일기장처럼 제작자의 기분에 따라 운영되는 경우도 많다. 현실 속 업장이었다면 발생하지 않았을 문제와 갈등도 온라인에서는 언행에 분별력이 떨어져서 댓글로 쉽게 다툼을 벌이거나 스스로 이미지를 훼손하기도 한다.

그 특성은 사업의 규모와 인지도에 따라 파급력이 다를 뿐 온라인 영업을 하는 개인 제작자의 불가피한 숙명이다. 나의 소셜미디어 계정도 규모는 작지만 엄연히 온라인 영업장이고, 불특정 다수를 응대한다는 점에서 출판과 제조를 기반으로 한 서비스업의 형태를 띤다.

내 책을 읽은 극소수의 사람들에게 작가를 소개하는 공간이며, 내 책을 읽지 않은 대다수의 사람들에게 나라는 사람을 짐작하게 하는 공간이다. 누군가는 그 공간을 통해 내 책을 구매하고, 누군가는 오프라인 서점에서 구매한 내 책을 통해 그 공간을 방문한다.

그리고 대부분은 작가와 책과는 상관없이 우연히 그 공간을 방문하고 돌아간다. 광고를 통하지 않는다면 그들 모두의 순수한 방문에 내가 관여할 수 있는 부분은 없다.

다만 그들에게 비칠 내 공간의 첫인상을 내가 원하는 방향으로 마련하고 정돈할 수는 있다. 물론 내게 없는 모습을 꾸며내는 일도 가능은 하겠지만, 어차피 연극은 금세 탄로 날 테니 최선의 방법이 있다면, 비록 온라인이지만 현실 속 업장에서 일한다는 마음가짐을 간직하는 태도가 아닐까. 그럴 수 있다면 최소한 내 출판 브랜드에 스스로 상처를 내는 일만큼은 막을 수 있을 것이다.

결국 나는 가상의 영업장 또한 내가 제작한 책들과 비슷한 분위기를 담아내길 바라는 것인지도 모르겠다. 현실 속 업장이 없는 내게는 소셜미디어가 독자와의 유일한 접점이자 출판 인생의 전부와도 같은 공간이기 때문이다. (2025)

발자국 덧대기

설날 연휴 첫날부터 폭설이 내렸다. 창밖에는 눈의 고장을 연상케 할 정도로 많은 눈이 세상을 뒤덮었다. 가만히 집에서 설경을 구경하기엔 완벽한 날이었지만, 귀성길에 올라야 한다면 이야기가 달랐다.

제설되지 않은 좁은 골목과 낮은 언덕에서 차들은 연신 발을 헛디디며 멋대로 미끄러졌다. 어렵게 들어선 고속도로는 정체가 극심했고, 라디오에서는 사고 소식이 실시간으로 흘러나왔다.

핸들에 손을 걸친 채 망연히 바깥을 바라보다 생각에 잠겼다. 명절을 맞아 차례를 지내거나 성묘 가는 길에 사고를 당하면 어떡하지. 조상의 영혼을 만나러 가는 길에 산 사람이 죽으면 누굴 원망하지. 믿음과 의미를 지키기 위해 현실의 삶을 잃는다면 너무 억울하지 않을까.

물론 그런 일이 오늘 내게 발생할 가능성은 희박하겠지만, 언제든 발생해도 이상하진 않을 테지.

첫날부터 시작된 폭설이 연휴의 끝자락까지 이어졌다. 끝난 줄 알고 염화칼슘으로 뒤덮인 자동차를 세차했는데 농담처럼 곧장 폭설이 쏟아졌고, 차는 다시 흙탕물을 뒤집어쓴 모양새가 되었다. 완전히 눈이 그칠 때까지는 내버려둘 걸 그랬다. 마음을 체념하고 아빠와 모처럼 근처의 상당산성으로 드라이브를 떠났다.

지대가 유독 높은 산성이라 돌아 나올 때 내리막길이 무척 가파르고 길게 이어져서 악명 높은 사고 위험지역이 되었다고. 아빠는 산성에 갈 때마다 매번 처음인 것처럼 그 이야기를 흥미롭게 들려줬다. 예전에는 아빠도 같은 말을 반복하는 걸 싫어했는데 아마도 세월의 흐름 탓일까. 나 또한 일부러 처음 듣는 말처럼 적당히 흥미롭게 반응했다. 앞선 차들이 눈 쌓인 언덕을 위태롭게 올라가는 모습을 안쓰럽게 지켜보다 이내 우리도 그 대열에 합류해 험난한 시간을 보냈다.

산성 근처에는 호수를 둘러싼 토속 음식점들이 즐비했다. 우리는 눈 쌓인 골목을 따라서 이따금 들르던 식당 한 곳으로 향했다. 순두부와 청국장이 유명해 평일에도 줄을 서야만 하는 일종의 맛집이었다. 음식은 그때와 다름없이 훌륭했지만 우리는 별다른 대화를 나누지 않은 채 조용히 밥만 계속 먹었다. 처음에는 엄마가 없는 그 정적과 적막이 낯설기만 했는데 이제는 너무도 익숙해졌다. 우리가 서로 대화도 없이 밥을 먹는다는 사실조차 의식하지 못할 만큼. 내가 살갑지 못한 탓인지 아니면 다들 이렇게 바뀐 환경에 적응하며 살아가는 것인지는 모르겠다. 단지 음식이 지나치게 맛있는 탓에 식사에 집중하느라 대화가 끼어들 틈이 없었다고 믿어볼까.

아무렴 우리의 표정과 마음에 적당한 평온이 깃든 요즘만 같다면, 서로 말수가 적어졌다 할지라도 크게 대수롭진 않을 것이다.

식후에는 아빠와 눈밭을 산책하며 하얗게 얼어붙은 호수를 구경했다. 근처의 산책로도 논두렁도 한옥촌도 온통 눈으로 뒤덮인 모습이 하나로 연결된 드넓은 설원처럼 느껴졌다. 우리는 일단 저 멀리 보이는 눈 쌓인 소나무 숲까지 걸어보기로 했다. 때마침 다른 사람들도 식사를 마친 후 산책을 시작했는지 좁고 미끄러운 길을 아장아장 줄지어 걷는 모습이 꼭 '어른이 유치원'의 소풍날 같아서 귀여웠다.

나는 일부러 아빠보다 몇 걸음 떨어져 걸으며 스마트폰으로 그의 뒷모습을 수없이 찍었다. 영상 속 아빠는 나를 돌아보며 얼른 오라고 손짓하다가 갑자기 소년처럼 눈을 뭉쳐 내게로 던졌다. 언젠가 이렇게 아빠와 장난치며 눈싸움을 하던 시절도 있었는데 우리는 왜 이렇게 모두 잊고 살아가는지.

하지만 눈 오는 날에는 잠시나마 과거로 돌아가 그때의 우리가 되어본다. 비록 눈이 그치면 금세 사라질 찰나의 환상일지라도.

아빠가 남긴 눈밭의 깊은 발자국에 내 발자국을 덧대었다. 그가 걸어간 길을 똑같이 따라 걸으며 아까와 똑같은 그의 뒷모습을 수차례 더 찍었다. 비록 같은 모습이 담긴 사진이라도 최대한 많이 남겨두고 싶은 마음을 알까. 우리는 엄마 사진을 많이 남기지 못한 걸 후회하면서도 지금도 여전히 사진을 많이 찍지는 않는다. 아빠는 유독 사진 찍히는 걸 싫어하는 사람이라 간혹 남아있는 사진도 전부 인상을 찡그린 모습뿐이다.

그래도 설경이 이렇게 멋진 날은 사진으로 남기고 싶어서 아빠에게 포즈를 요청했다. 싫다면서도 멋쩍게 손으로 브이를 그리는 아빠를 바라보면 저절로 웃음이 났다.

아저씨가 저렇게 귀여워서 어떡하나.

그 덕분에 몇 장의 괜찮은 사진들을 건졌으니 이만하면 우리 둘만의 다정한 나들이가 아니었을까. 앞으로도 아빠의 등을 따라가며 그의 천진한 모습을 오래도록 바라보고 싶다고 생각했다.

물론 시간은 우리를 언제까지나 기다려주지 않을 테니 때로는 무리해서라도 함께 많이 걸어야지.

우리가 셋이었을 때 나는 준비하던 책의 제목을 '영원한 산책'으로 짓고 싶었다. 이별을 짐작하는 마음에 내게만 의미 있을 그 제목과, 출판사 편집자가 제안한 다른 제목을 두고 고민하던 시기였다.

비록 우리가 둘이 되면서 나 스스로 그 제목의 슬픔을 감당하지 못해 다른 제목의 책이 되었지만, 돌아보면 그 제목은 나의 고집이었을 뿐 애초부터 편집자의 제안이 탁월했다. 지금도 여전히 그 제목과 같은 미래를 꿈꾸는 마음은 변함없다. 아마 나뿐만 아니라 사랑하는 사람이 있는 모두의 바람이기도 할 것이다.

폭설로 고생한 연휴였지만 오히려 그 덕분에 오래 간직할 새로운 추억이 남았다.

우리가 함께 걷는 동안에는 영원한 산책을 꿈꾸는 마음도 영원하다. (2025)

아침의 토스트

사는 동네가 부끄럽던 시절이 있었다. 대학을 졸업하고 무작정 영화 시나리오 작가가 되겠다는 열망 하나로 살아가던 때였다. 작가 아카데미는 충무로에 있었지만 내가 살던 원룸은 그곳에서 멀리 떨어진 신대방역 쪽에 있었다. 신림과 대림에 맞닿아 있는 이 동네는 서울에서 월세 부담이 가장 적은 지역에 속했고, 아마도 그와 같은 이유로 이 동네는 주로 상경한 학생들, 고시생들, 취준생들, 신입사원들의 수요가 높았다.

그런데 나는 가난한 작가 지망생 형편임에도 불구하고, 더 쾌적한 환경을 꿈꾸며 동네에 정을 붙이지 못했다. 집으로 가는 골목은 늘 한자 간판이 걸린 식당들의 강한 향신료 냄새로 가득했고, 거리의 사람들 또한 중국어나 서툰 한국어로 목청 높여 대화를 나눴으며, 직업소개소 주변에는 언제나 일자리를 찾는 외국인들로 북적였다.

그 분위기에 적응하지 못한 나는 줄곧 지름길인 골목 대신 멀리 떨어진 대로변으로 다녔고, 어쩌다 골목으로 들어선 날이면 최대한 빠르게 걸음을 옮겼다. 오직 집에서는 잠만 자면 충분하다는 마음에 언제나 아침 일찍 충무로로 향했다.

밥벌이를 갖지 못했으니 아침 식사는 사치라고 생각했지만, 그럼에도 역 앞의 포장마차들을 그냥 지나치기는 쉽지 않았다. 간단한 꼬마 김밥이나, 토스트를 파는 곳이 많았는데 유독 토스트 굽는 냄새가 언제나 나의 발걸음을 멈춰 세웠다.

늘 서둘러 토스트를 먹고 사라지는 내가 신기했는지, 토스트 아주머니도 내가 나타나면 반가운 미소를 지으며 이것저것 물었다. 대학생인지, 고시생인지, 그럼 무슨 공부를 하는지, 또 원래 고향은 어디인지 등등. 평소라면 낯선 사람의 질문이 불편해 다른 가게로 옮겼을 수도 있겠지만, 어쩐지 그녀의 다정한 미소와 눈빛에 나도 모르게 경계를 풀고 아침마다 담소를 나눴다.

"아주머니 안녕하세요."
"아이고 학생 어서 와. 글은 잘 쓰고 있고?
오늘도 햄 치즈 토스트 해줄까?"

그녀는 매일 아침 정신없이 토스트를 만드는 와중에도 내게 꼬박 인사를 건넸고, 이따금 내가 시간이 촉박해 포장마차를 그냥 지나치는 날에는 멀리서 나를 부르며 손을 흔들어 주기도 했다. 그럴 때마다 나도 머쓱하게 웃으며 멀리서 인사를 건넸는데, 그렇게 아침을 시작하면 출근길 지옥철에서도 온화함을 잃지 않았다.

주고받는 인사가 쌓일수록 어느새 그동안 적응하지 못했던 동네도 조금씩 편안하게 느껴졌고, 마침내 신대방은 나의 미래를 위해 잠시 몸만 세 들어 사는 동네에서 비로소 마음마저 쉴 수 있는 안식처가 되었다.

토스트를 먹는 날마다 반복되는 장면이 하나 있었다. 내가 토스트를 거의 다 먹어갈 때쯤이면 언제나 잠이 덜 깬 모습의 귀여운 초등학생 아이가 포장마차를 찾아왔다. 그 아이가 찾아오면 아주머니의 얼굴에는 더욱 화사한 생기가 돌았다. 그리고는 아이를 돌려세운 뒤 미리 포장해 둔 토스트를 백팩에 담아줬고, 그 즉시 아이는 그녀에게 허리를 구십 도로 숙이며 학교 잘 다녀오겠다는 인사를 남긴 뒤 골목 끝의 학교로 달려갔다.

아주머니는 그 아이가 자신의 하나뿐인 아들이라고 몰래 말해줬지만, 물론 나도 이미 알고 있었다. 토스트를 만들고, 계산을 하며 가판대를 정리하는 와중에도, 아이가 시야에서 완전히 보이지 않을 때까지 뒷모습을 바라보는 그 눈빛을 본 사람이라면 누구라도 그녀의 아들이라는 걸 눈치챘을 테니까. 날마다 이른 새벽부터 일을 시작하면서도 항상 밝고 따뜻한 모습을 유지하는 비결이 궁금했는데, 그 아이의 존재를 알게 되니 모든 궁금증이 한순간에 녹아내렸다.

그로부터 나는 신대방에서 1년을 더 살았고, 결국 영화 시나리오 작가의 길은 포기하게 되었으며, 어찌어찌 회사에 취직해서 다른 동네로 이사를 갔다. 신대방역 주변보다 훨씬 개발된 곳이었고, 바깥의 풍경이 훤히 내려다보이는 고층의 오피스텔이었다. 물론 나도 드디어 직장인이 되어 쾌적한 환경에서 지내게 된 건 기뻤지만, 이상하게도 신대방을 떠났다는 아쉬움은 쉽게 내려놓을 수 없었다.

하지만 추억도 시간의 흐름 앞에서는 서서히 희미해질 뿐이었다. 어느새 6년이 넘는 세월이 흘렀고, 그동안 내게 신대방은 내가 한때 머물렀지만 더는 나와는 상관없는 곳이 되어가고 있었다.

그러다 우연히 신대방 근처에서 일정이 끝난 날, 모처럼 오래전의 추억이 떠올라서 일부러 살던 동네 쪽으로 걸었다. 반가운 마음으로 다시 찾은 동네의 모습은 그때와 별반 다르지 않았다. 늘 걷던 골목의 풍경과, 자주 들르던 식당과 슈퍼 또한 여전히 그대로였다.

발걸음을 따라 오래전 그때처럼 신대방역 앞에 다다르자 자연스레 옛 생각이 났다. 그 시절 아침마다 토스트를 사 먹곤 했는데 설마 아직도 남아 있을까. 그 순간 놀랍게도 그때와 똑같은 곳에 자리 잡은 포장마차가 모습을 드러냈다. 그리고 더 놀라운 건, 간판대 뒤에 앉아 있는 낯익은 얼굴이었다. 분명 그 시절 그 토스트 아주머니였다. 날마다 인사를 나누던 그녀를 내가 잘못 알아볼 리는 없었다. 반갑고 신기한 마음에 혼자 웃으며 포장마차에 가까이 다가갔다.

그런데 언뜻 보기에도 아주머니의 얼굴에 먹구름이 가득했다. 단지 세월의 흔적인 것만은 아닌 듯한 깊은 얼룩처럼 보였다. 그녀는 나의 인기척에 가만히 시선을 돌렸지만, 딱히 나를 알아보는 눈치는 아니었다. 그래도 내 목소리를 들으면 분명 그때의 기억이 되살아날 거라 믿고 밝게 인사를 건넸다.

"아주머니 안녕하세요."
"네. 토스트 드릴까요?"
"저 6년 전에 여기서 아침마다 토스트 먹었던
 학생인데 혹시 기억하세요?"
"글쎄요. 너무 오래전이라..."
"그 항상 영화 시나리오 쓴다던 학생이에요.
 저 골목 안쪽에 살았던."

"잘 모르겠어요. 이 주변에 사람이 워낙 많아야지. 무슨 토스트 드려요?"
"아.. 네 그럼 햄 치즈로 해주세요."

아주머니는 더는 뭔가를 떠올려보려 하지 않았고, 다만 빠르게 토스트를 만들어 내게 건넸다. 그리고 내가 예전처럼 포장마차 앞에 서서 토스트를 먹는 동안, 말없이 역 주변의 거리만 멀찍이 바라볼 뿐이었다. 그 모습에 수심이 가득했는데, 혹시 건강이 안 좋아진 걸까. 사춘기가 된 아들이 너무 말을 안 듣는 걸까. 정말 내가 기억나지 않는지 마지막으로 묻고 싶었지만, 그 또한 내 욕심인 것만 같아서 말없이 토스트를 마저 먹고 자리를 떠났다. 미련이 남아 잠시 뒤돌아봤을 때 아주머니는 내가 먹은 흔적을 무심히 정리하고 있었다.

오래전 신대방에 살 때만 해도 기억이 많을수록 행복한 삶이라고 믿었다. 게다가 기억력도 나쁘지 않은 편이니 작가 지망생인 내게는 더없이 큰 장점이자 도움이 될 것도 같았다. 하지만 나 혼자 기억하는 일들이 많아질수록, 다른 사람들의 기억이 희미해질수록, 나는 조금씩 슬프고 외로운 사람이 되어갔다.

분명 같은 시간과 장면을 공유한 사람들이었는데, 이제는 모두가 떠난 그곳에 나 홀로 남겨진 기분이 들었다.

지하철을 타고 집에 돌아가는 동안 토스트 아주머니의 상반된 모습이 머릿속을 떠나지 않았다. 애증의 추억이 잠들어있는 신대방이지만, 꿈이 전부였던 청춘의 시절을 오롯이 보낸 장소이기도 했는데. 그래서 순진하고 이기적이게도 내 기억 속 모든 장면들이 오래도록 무탈하게 남아주길 바랐는데.

그치만 어쩌면 정말로 그때와는 다른 아주머니일 수도 있지 않겠느냐고, 어느새 나도 이제 사람을 잘못 보게 되었다고. 나 자신을 애써 설득해 본다.

변해버린 과거의 기억마저 보듬고 싶은 부질없는 마음을 누가 알아줄까. (2020)

쓸모의 확인

침대에 가만히 누워 쓸모를 생각한다.

나는 어떤 쓸모를 위해 태어나고 살아가는 걸까. 예전에는 사람은 누구나 자신만의 쓸모를 갖고 태어난다고 믿었지만, 지금은 각자의 쓸모를 스스로 마련해야 한다고 생각한다. 운명이나 숙명 같은 불확실한 믿음보다는 당장의 현실을 살아내는 확실한 방법이 더 중요한 시기이니까.

쓸모가 타고난 것이 아니라 발견하는 것이라면, 도대체 어떻게 발견할 수 있을까. 설령 내가 쓸모를 가진 사람이라도 쓸모는 대부분 이불 속에서 고개만 빼꼼히 내민 채 숨어 있다. 그러다 자신의 존재를 알아주지 않으면, 쓸모는 창밖으로 날아가 자신을 필요로 하는 사람을 찾아 끝없이 주변을 맴돈다.

그러나 나는 쓸모의 절박한 날갯짓을 먼지의 흩날림으로 착각한 채, 다른 쓸모를 찾아서 긴 시간을 방황했다. 다른 사람들의 쓸모 있어 보이는 삶을 동경하고 이곳저곳 기웃거리며 그들의 쓸모를 닮아가려 애썼다.

하지만 억지로 훔쳐 와도, 운 좋게 배워와도 결국 내 삶에는 들어맞지 않아 다시 주인에게 돌려보낼 뿐이었다.

세상에 나를 위한 쓸모는 없구나.

그렇게 모두 포기하고 싶어질 무렵, 오래전 창밖으로 날아간 쓸모가 민들레 홀씨처럼 흩날리다 내 곁에 사뿐히 내려앉았다. 퍼즐의 마지막 조각처럼 본래의 자리에 정확히 맞춰진 쓸모를 바라보며, 나는 비로소 그동안 외면했던 나만의 고유한 쓸모를 다시 마주하고 온전히 받아들였다.

나도 원래 쓸모를 가진 사람이었구나.

애초부터 타고난 쓸모는 아니었지만, 살면서 계산 없이 좋아하는 방향으로 걷다 보니 마련된 쓸모였다.

그때는 이 정도의 쓸모로는 직업이 될 수 없고, 직업이 될 수 없다면 결국 쓸모없는 일이라고 하찮게만 여겼는데.

그런데 애초부터 마음이 흘러가는 방향을 외면하지 않고 묵묵히 따라가는 것 자체가, 이미 하나의 쓸모가 아니었을까.

어쩌면 나를 가장 하찮게 여긴 사람은 그 누구도 아닌 바로 나 자신이었는지도 모른다. 나는 최선을 다해 노력하는 나를 충분히 기다려주지 않았다. 앞날은 여전히 불투명하고, 당장은 아무짝에도 쓸모없다는 자기혐오에 사로잡혀 많은 시간을 침대에서 허비했다.

그때와 지금의 내가 크게 달라진 점은 없다. 다만 발걸음이 쌓였고, 다른 사람의 쓸모는 내게 맞지 않는다는 걸 뒤늦게 깨달았을 뿐이다. 그리고 지금은 예전보다는 조금 쓸모 있는 사람이 되었다고 믿는다. 많은 사람에게는 아닐지라도, 적어도 나를 필요로 하는 사람에게는.

그렇게 내 작은 쓸모를 스스로 존중해줄 때, 쓸모 또한 비로소 허물을 벗고 환한 날개를 펼칠 테니까. (2022)

안녕의 감각

글쓰기 수업의 마지막 주마다 마음의 근육을 단련한다. 불현듯 찾아오는 짧고도 긴 작별의 진폭에 대비하기 위해서. 몇 달간 매주 함께 글을 쓰고 나눈 사람들과의 관계는 단순한 친밀감을 가뿐히 넘어선다.

종이 위에 펼쳐둔 자신의 내밀한 마음을 낯설지만 무해한 타인의 언어로 이해받는 경험이란, 서로의 투명한 마음의 촉수가 세밀하게 얽히는 일과도 같아서 다시 풀어내려면 충분한 심호흡과 힘 조절이 필요하다. 억지로 풀어내면 촉수가 끊어지고, 뒤늦게 풀어내면 미련이 지속된다.

그러나 여전히 그 방법에 미숙한 나는 매번 무방비로 진폭에 휩쓸린다. 애써 무심한 표정으로 건조한 안녕의 말들을 전하면서.

이번 주는 화수목 저녁에 진행하는 글쓰기 수업이 동시에 종료되었다. 누군가는 떠나가고, 누군가는 머무르며, 또 누군가는 새로이 합류한다. 떠나가는 사람에게는 아쉬움의 안녕을, 머무르는 사람에게는 고마움의 안녕을, 그리고 합류하는 사람에게는 반가움의 안녕을 건넸다. 각각의 안녕에 실린 감정과 온도는 많이 다르지만, 그 안녕들을 동시에 주고받는 마음은 똑같은 물결로 일렁인다. 특히나 온라인 수업은 아무래도 그 물결이 오프라인 수업에 비해 잔잔할 줄 알았으나, 그건 착각이자 바람에 불과했다. 각자의 화면을 오래도록 응시하며 다음을 기약하는 사람들의 눈빛은, 비대면의 장벽도 가로막지 못하였다.

그들이 남긴 물결을 잠재우려면 생각보다 훨씬 많은 시간과 노력이 필요하다. 앞으로 더 많은 사람들과 만남과 작별을 반복할 텐데, 담담하게 흘려보낼 줄도 모르면 어떡하나. 어쩌면 물결의 일렁임이 사랑과 진심을 의미할 테니, 숱한 마중과 배웅 속에서 마음이 먹먹할 때면 그 감각 자체를 행복이라고 믿어야겠다. 언젠가는 감정이 무뎌져 작별에도 무표정과 평온함으로 일관하는 날이 찾아올지도 모르니까.

실은 마음의 근육을 강화하고 작별의 진폭을 대비하려던 허술한 계획은 감당하지 못할 감정을 미리 막아내기 위함은 아니었다. 그건 다만 작별 앞에서 아쉽고 수줍은 내 마음을 감추고 싶었거나, 작별을 인정하기보다는 차라리 외면하고 싶었기 때문일지도.

감정을 소화하는 건 언제나 나의 몫이니, 모든 만남과 작별의 순간에는 온 마음으로 따뜻하게 안녕을 말하는 수밖에 없겠다. 그것이 우리의 시간과 나의 마음을 지켜내는 최선의 방법이 될 테니까.

안녕, 안녕, 그리고 안녕히. (2025)

기대어 나란히

　인생은 목숨이 무한대인 게임 속 캐릭터와는 달리 아무리 둘러봐도 리셋 버튼이 존재하지 않는다. 한 번 시작된 인생은 멈출 수도 되돌아갈 수도 없고, 오직 자신만의 속도로 앞을 향해 나아갈 수 있을 뿐이다.

　하지만 사람은 누구나 마음에 우물을 품고 있고, 그 우물 속에는 초심이라는 원석이 가라앉아 있다. 서툴지만 열렬했고 투박하지만 순수했던 맨 처음의 마음. 지금은 희뿌연 물결 아래 가려져 좀처럼 보이지 않는 그 마음.

　어쩌면 우물 속 어딘가에는 리셋 버튼이 존재할지도 모르겠다. 가까스로 초심에 도달한 사람만 누를 수 있도록 여전히 깊은 곳에 숨겨진 채로.

　올해를 떠나보내는 지금, 나는 책상 앞에 앉아 새하얀 화면 위에 고요한 발자국을 남기고 있다. 혹시나 그 작은 발자국들이 모이면 아직 남아있을지 모를 초심에 닿을 수 있다는 막연한 믿음으로.

한동안 충분히 휴식을 취한 만큼 이듬해에는 생활의 반경이 좁았던 그동안의 삶과 조금씩 멀어지는 연습을 해보려 한다. 당장 더 많은 글을 쓰고 더 많은 책을 읽는 것도 꾸준함의 측면에서는 바람직하겠지만, 무엇보다 가장 중요한 건 지금의 나는 인생이든 글쓰기든 무리해서 재촉하기보다는 더 많이 배워야 할 시기라는 점이다.

올해는 유독 내게 소란한 해였다. 그럼에도 낯선 길목마다 방향을 잡고 걸음을 내디딜 용기를 얻었던 건 순전히 익명의 독자분들 덕분이라고 믿는다. 그렇지 않았다면 나는 수시로 길을 잃고, 눈앞의 출구도 찾지 못한 채 제자리만 맴돌았을 테니까. 세상에서 가장 강인한 사람은 반복의 지루함을 길들이는 사람이라고 했는데, 언젠가 나도 그런 사람이 될 수 있을까.

일상의 다른 부분에서는 나약하고 어리석은 모습을 일관하더라도, 글을 쓰는 일만큼은 누구보다 강인하고 확고한 태도로 정진하는 사람. 온전한 정신이 다하는 날까지 반복의 굴레 속에서 끊임없이 균형을 유지하는 사람.

만약 내가 그런 사람을 닮아간다면, 그건 모두 내가 어떤 순간에도 초심을 잃지 않도록 지켜준 그들 덕분이겠다. 훗날 인생의 리셋 버튼 같은 걸 발견해도 일부러 모른 척 다시 덮어둔다면, 그 또한 그들 덕분일 것이다.

돌이킬 수도 없지만, 돌아갈 생각도 없을 만큼 나는 지금의 삶이 귀하다. 찬란하고 풍족해서가 아니라, 그들의 부축에 기대어 계단을 나란히 한 걸음씩 올라설 때마다 조금씩 달라지는 일상의 풍경이 너무도 신비롭고 충만해서.

결국 그들 덕분에 선택한 사랑하는 일을 갈수록 더 사랑하게 되어서. 이제야 나는 단 한 번뿐인 이 삶을, 그동안 멀기만 했던 행복으로 살아낼 것만 같다. (2024)

부록

편지와 마음

우회하는 길 위에서

 그 시절 선생님께서는 한 번 작가가 되기로 결심한 사람은 절대 그 길에서 벗어날 수 없다고 하셨지요. 모든 것을 예민하게 받아들이고, 의미를 부여하고, 기록하는 습관은 삶에 끈덕지게 달라붙은 체질이 되어 결국 떼려야 뗄 수 없다고요.

 그때의 저는 그 말씀을 이해하지도 공감하지도 못하는 풋내기 지망생에 불과했습니다. 지나친 열정과 의지로 일을 그르칠 때조차, 타인의 조언을 깊게 새기기보다 줄곧 제 오만한 열정에만 기대곤 했지요.

 그때 저는 낭만 속에 살았습니다. 정확히는 낭만 속에서만 살았지요. 글만 쓰는 바보가 되는 게 꿈이라고 모두에게 당당하게 말하고 다닐 정도로요. 치기 넘치는 20대 청년에게 칭찬처럼 독이 되는 것도 없었습니다. 사람들이 재능을 언급할 때마다 언젠가 저도 대단한 작가가 될 것이라 확신하곤 했으니까요. 그래서 아르바이

트도 그만두고, 이미 작가가 된 듯한 포만감 속에 다른 일은 모두 제쳐둔 채 오직 글쓰기에만 전념했습니다.

그러나 가짜 포만감은 오래가지 못했습니다. 경험은 없고 열정만 가득한 글에 깊이가 담길 리 없었지요. 무엇보다 당장 생활비도 막막했는데 절박할수록 현실을 외면하게 되었습니다. 계속 글에만 매달리면 금세 기회가 찾아올 줄 알았지만, 제게 되돌아온 건 내일의 불안과 불면의 새벽이 전부였지요.

그럼에도 마음속 꿈과 낭만은 부풀기만 했습니다. 유명한 작가가 된 미래를 상상하면, 단칸방에서 스팸 한 캔을 며칠씩 나눠 먹는 현실조차 결국 좋은 추억이 될 거라 믿으면서요.

하지만 낭만이 현실을 바꿔주진 않았습니다. 가진 건 허황된 믿음뿐이었는데 이듬해엔 서른이라는 막막한 관문이 기다리고 있었지요. 알면서도 애써 모른 척했던 관문의 존재가 코앞의 벼랑처럼 모습을 드러냈을 때, 불현듯 더는 늦어선 안 된다는 불안과 두려움에 사로잡혔습니다. 그 순간 날카로운 현실의 바람이 단칸방의 창문을 깨부수고 들어와, 책상 앞에서 키보드만 두드리던 저를 거칠게 끌어냈습니다.

그렇게 저는 무작정 사회에 몸을 던졌습니다. 사회 경험이 전무했던 제가 조직 문화에 적응하기란 녹록지 않았고, 글을 쓴답시고 자아가 비대해진 상태로는 모두가 기대하는 신입의 모습에 부응하지 못했어요. 그러나 사회는 저를 조금씩 변화시켰고, 마침내 업무에 익숙해지고 월급의 안정감에 젖어 들 때쯤, 그것이 다시 찾아왔습니다.

잃어버린 꿈이라는 이름의 낭만이, 출퇴근길마다 나타나 이제 현실의 여유도 생겼으니 다시 돌아오라고 손짓했지요.

한때 전부였던 대상의 유혹을 단번에 거절할 수 있는 사람이 얼마나 될까요. 저는 현실에 발은 붙인 채 예정된 일처럼 그 손길을 덥석 잡고 익숙한 길을 따라갔습니다. 시간을 쪼개서 직장 일과 글쓰기를 병행했고, 이미 겪어본 이상 글쓰기로 성공하겠다는 욕심은 내려놓게 되었지요. 이따금 출판사와 함께 책 출간의 기회를 얻기도 했는데 애초에 목표를 낮게 잡았던 탓인지, 스스로 정해둔 기준점만 넘기면 혼자 만족한 채 더 많은 글을 쓰고 책을 만들었습니다.

어느 날 누군가 물었습니다. 직장 다니면서 책도 여러 권 출간했으니 현실과 낭만을 모두 이룬 것 아니냐고요. 그 물음 앞에 마음이 복잡해졌습니다.

비록 이루진 못했지만 제게도 한 시절의 전부였던 전업 작가라는 꿈이 있었는데, 이제 그 꿈이 손만 조금 더 뻗으면 닿을 듯한 높이에 있다면 마음이 어땠을까요. 오래전 애써 억눌렀던 젊은 날의 열망이 다시 들끓었고, 그것은 간신히 안정을 찾았던 제 삶을 송두리째 뒤흔드는 폭풍이 되었습니다.

하지만 알고 있습니다. 지나가는 폭풍에 휩쓸려선 안 된다는 걸요. 더군다나 이미 그 시절을 거쳐온 저는 더욱 그 폭풍을 경계해야 한다는 것도요. 간신히 적응한 직장을 그만두고 다시 글쓰기에 전념한다면, 그때보다 포기해야 할 것들이 훨씬 더 많을 테니까요.

낭만과 꿈은 왜 그토록 집요하게 사람을 끌어당길까요. 어째서 모든 걸 포기하고서라도 다시 폭풍 속에 몸을 던지게 할까요. 다시 매달리면 그때와는 다를까요. 조금 더 살았으니 이제는 글에 깊이를 담을 수 있을까요.

아마 지금도 그렇지 않을 겁니다. 현실을 지켜내지 못하면 낭만에도 때가 묻지요. 제 삶의 낭만은 구름 위가 아닌 현관 앞 흙 묻은 신발 속에서 펄떡이고 있습니다. 낭만은 현실이 두 발을 딛고 지나간 자리에 비로소 싹을 틔우는 것이지, 현실을 대신할 수는 없는 것이니까요. 그 사이의 균형을 유지하는 일이란 비웃음을 살만한 타협이 아닌, 오히려 낭만을 완전히 놓지 않기 위한 안간힘이었습니다.

선생님, 저는 아직 작가가 되지 못했습니다. 책을 몇 권 출간했지만, 여전히 지망생에 불과합니다. 그때나 지금이나 글쓰기라는 꿈에 그을린 환자처럼 살아가고 있어요. 화상을 입고도 고통을 모른 채, 그것조차 창작의 일부라고 믿으며 다시 맹목적으로 불 속으로 뛰어드는 중입니다.

열두 해가 흐른 지금에 와서야 선생님의 말씀이 가슴 깊이 새겨집니다. 한번 달라붙은 체질은 도려내지 않는 이상 감출 수도 달랠 수도 없었네요.

솔직히 선생님을 원망한 적도 많았습니다. 하필이면 가장 중요한 시기에 선생님을 만나서 글쓰기 같은 것에 마음을 빼앗기게 하셨는지. 왜 그때 저에게 애매한 가능성을 일깨워줘서 일찍 포기하지 못하게 하셨는지. 하지만 그 원망들은 모두 투정에 불과했을 뿐 지금은 그 시절의 만남과 열망에 아득히 빚진 삶을 살아갑니다.

그때 아무런 인사도 전하지 못하고 도망친 저를 용서하세요. 꿈이 전부였던 삶이 절실하고 벅찬 만큼 두려웠습니다.

세월이 너무 빠르게 흐릅니다. 선생님. (2020)

우연히 당신에게

 이 편지가 당신에게 처음 펼쳐진 오늘은 이미 연두의 물결이 일렁이는 봄날일까요. 아니면 여전히 찬바람이 불어오는 겨울의 끝자락일까요.
 가능하면 당신의 봄날에 펼쳐지길 바라는 마음으로, 아직 한겨울인 일월에 이 편지를 미리 쓰고 있어요.

 이곳은 오늘 기온이 영하 이십 도까지 떨어졌어요. 온종일 도로가 얼어붙어 차들도 사람들도 모두 서로 조심하며 천천히 움직였지요. 어쩌면 겨울에는 세상의 속도가 조금 느려지는 걸까요. 하얗게 눈 쌓인 가로수들이 한 해 동안 분주하게 달리기만 한 우리를 가만히 내려다보며, 아가야 그만하면 충분하다고 다정하게 말해주는 듯한 계절이에요.
 그래서 저도 이제는 예전처럼 그 다정한 타이름을 외면하지 않고, 묵묵히 속도를 늦추고 산책하는 마음으로 걷고 있어요.

그곳의 봄날은 어떤가요. 해마다 찾아오는 봄이지만, 어쩐지 저는 한 번도 봄을 겪어본 적 없는 사람처럼 늘 낯설게만 느껴져요.

봄의 기운은 어땠는지, 누구와 시간을 보냈는지, 어떤 기쁨과 슬픔이 있었는지, 이제는 아름다운 봄날의 기억들이 꿈처럼 너무 아득해요.

망각의 힘이 거세진 걸까요. 아니면 일부러 잊고 싶어서 기억을 봉인한 걸까요. 그치만 모두가 손꼽아 기다리는 계절인 데에는 그럴만한 이유들이 있을 거예요.

안녕하세요. 인사가 많이 늦었지요. 이렇게 우연히 편지로 만나게 되어 반갑고 고마워요. 저는 경기도 일산에 살고 있는 오수영이라고 해요. 작년에 오래 다니던 직장을 그만두고, 지금은 어릴 적 꿈이었던 전업 작가로 살고 있어요.

그때의 저는 늘 미리 앞서 사는 사람이었는데 그래서 많이 아프고 힘들었던 기억이 나요. 미리 계획하고, 미리 걱정하고, 그렇게 미래의 모든 변수를 끌어와 불안해하다 보니, 정작 무엇보다 소중한 현재를 보살피는 일에는 늘 뒷전이었죠.

가장 행복한 시절일 수도 있었는데, 스스로 강박과 질책에 얽매었더니 오히려 가장 고달팠던 시절로 남았네요.

여기서 멈추면 뒤처지고 말 거야. 지금 만족하면 넌 계속 이대로 살게 될 거야. 현실도 꿈도 네가 노력하면 모두 잡을 수 있잖아. 그러니 산책하듯 유유히 걷지 말고 전력을 다해 뛰어. 그래 알겠어. 그런데 언제까지 뛰면 되는 건데. 글쎄. 그건 나도 모르지. 다만 일단 네 앞에 사람이 많지 않을 때까지. 그때까지는 앞만 보고 달리는 거야 알겠지. 응 그럴게. 꼭 그럴게.

한동안 그렇게 살다 보니 오히려 제 앞의 사람들은 무한대로 늘어났고, 정작 주변에는 사람이 얼마 남지 않은 고독한 삶이 되었지요. 현재와 주변을 보살피지 않는 사람에게는 마땅한 결과였어요.

저는 몸과 마음이 닳는데도 정지 버튼이 고장 난 것처럼 강박과 질책의 습관에서 벗어날 수 없었고, 누구도 불안과 우울에 사로잡혀 발버둥 치는 저를 만류하지 않았어요.

그러면 안 된다고. 그렇게까지 무리하면서 지금의 너를 소진할 필요는 없다고. 누구라도 제게 그렇게 말해줬다면 어땠을까요. 아마 그랬다면 저는 그 사람에게 이렇게 말했을 거예요.

제발 길을 막지 말고 여기서 비키라고.

역시나 직접 아파보지 않은 사람은 아무것도 깨달을 수 없는가 봐요.

당신은 어떤가요. 저랑 너무 다른 사람일까요. 그래서 저런 상황은 상상해 본 적 없는 사람인가요. 아니면 저랑 많이 비슷한 사람일까요. 어쩌면 이미 그 터널을 통과했거나, 여전히 그 안에서 웅크리고 있을 수도 있겠지요.

이 편지를 읽는 오늘이 당신과의 첫 만남이겠지만, 어쩌면 우리는 언젠가 대화를 나눴거나, 책을 통해 생각을 나눴거나, 한순간 서로를 스쳐 지나갔을지도 몰라요. 우연한 인연의 가능성에 기대어 섣불리 당신과 친밀함을 느끼는 저를 너그러이 이해해 주세요. 저는 그런 마음들을 그러모아 다시 저만의 문장으로 풀어내는 사람이거든요.

가장 차가운 날의 바람을 당신에게 보내요. 그러니 이 편지를 읽은 당신이 만일 따뜻한 봄날과 어울리지 않는 혹한의 날들을 보내고 있다면, 제가 보낸 더 차가운 바람을 보듬으며 작게 위안 삼아도 좋겠어요.

당신의 뒤에는 여전히 겨울에 머무는 사람들도 많을 테니까요.

아무리 주위를 둘러봐도 혼자만 서늘하고 외로운 봄날을 산다고 느낄 수도 있겠지만, 다만 아직 봄에 도착하지 못한 사람들은 눈에 띄지 않는 곳에서 각자의 방식으로 시린 바람을 견디고 있을 뿐이에요.

세상은 봄을 재촉하지만 진정한 봄날은 마침내 우리가 준비되었을 때 찾아오는 게 아닐까요. 그러니 저는 이 차가운 바람을 그대로 간직한 채 저만의 속도로 봄날에 도착할게요.

마음만 달리해도 인생이 조금 더 순탄할 텐데, 매번 마음이 말썽이라 저도 늘 겨울과 봄 사이를 헤매는 거겠죠. 그러다 곁에 존재하는 것들보다 이미 사라진 것들을 그리워하는 마음이 더 커져서 급기야 글을 쓰는 사람이 된 걸까요.

당신도 그런 적이 있나요. 아무리 거부하고 참아내려 해도 머릿속에서 단 한 번도 사라지지 않는 마음을 가져본 적이 있나요. 그 마음을 따라가면 행복에 가까워진다는 걸 알지만, 그 선택을 감당할 용기가 없어서 솟아나는 마음을 꾹꾹 눌러왔었죠.

그런데 마음의 길을 따라가도 생각보다 큰일이 발생하진 않더라고요. 저는 늘 새로운 도전 앞에서 지나치게 최악을 염두에 두는 편이었는데요. 최악을 미리 대비해서 좋은 점이라면 큰 위기는 사소하게 느껴지고, 작은 성과는 크게 느껴진다는 점일 거예요.

그래서 지금의 저는 과거의 방황이 무색할 만큼 차분하고 안정된 걸음으로, 처음으로 저만의 속도와 보폭으로 걷고 있어요. 적당한 준비와 대비도 끝냈으니 예전처럼 너무 망설일 필요도 없겠지요. 이 길의 끝은 누구도 알 수 없겠지만, 설령 그 끝이 벼랑과 가깝더라도 저는 모처럼 마주한 이 생의 감각을 다시 잃고 싶지 않아요.

어느새 작별 인사를 할 시간이네요. 언젠가 당신과 다시 마주할 날이 찾아올진 모르겠지만, 지금은 감히 이런 마음을 전하고 싶어요.

부디 뒤를 돌아보지 마세요. 그곳에는 슬프고 아픈 일들이 많잖아요. 제가 언제나 당신의 발자국을 주워 담으며 뒤따라갈 테니, 너무 외로워도 말고, 너무 두려워도 말고, 묵묵히 당신의 다음 계절을 향해 걸어가세요. 당신은 이제 어두운 곳보다 밝은 곳이 더 어울리는 사람이니까요. 그러니 친애하는 당신, 다시는 어둡고 서늘한 이곳으로 돌아오지 마세요.

환한 빛과 마음을 따라 걸으며 찬란한 봄날의 기운을 만끽하세요.

그렇게 혼자서도 잘 살아가는 거예요.
물론 가끔은 도움의 손길을 꼭 잡은 채로요.

잘 지내세요.
씩씩하고 건강하게.

흘러간 시간에 기대어

Copyright ⓒ 2025 by 오수영

초판 1쇄　　2025년 06월 16일

글	오수영
편집	오수영
디자인	오수영

발행인	오한조
발행처	고어라운드
출판등록	2021년 4월 12일 제 2021-00000025호
전자우편	grd-books@naver.com
팩스	0504-202-9749

ISBN　　　979-11-990105-2-9 (03800)

*책의 일부 또는 전부를 재사용하려면 반드시 저작권자와 고어라운드 출판사 양측의 동의를 얻어야 합니다.
*잘못된 책은 구입하신 서점에서 교환해드립니다.